A JORNADA DAS STARTUPS

Da ideia aos milhões

O caminho para se criar um negócio
de sucesso, inovador e escalável

Felipe Caezar e Rodrigo Coifman

VERMELHO MARINHO
2023

Autores: Felipe Caezar e Rodrigo Coifman

Editor-chefe: Tomaz Adour

Consultoria de escrita: Central de Escritores: Rose Lira, Gabriella Maciel Ferreira, Iago Fechine, Álvaro Rosa e Márcio Moreira.

Diagramação: Marcelo Amado

Capa: Ester Chaves

Dados Internacionais de Catalogação na Publicação (CIP)
Fabio Osmar de Oliveira Maciel – CRB-7 6284

C128j

Caezar, Felipe
A jornada das startups: da ideia aos milhões: o caminho para se criar um negócio de sucesso, inovador e escalável / Felipe Caezar e Rodrigo Coifman. – 1. ed. – Rio de Janeiro : Vermelho Marinho, 2023.
240 p. ; 21 cm.

ISBN 978-65-86082-95-1

1. Empreendedores 2. Empreendedorismo 3. Negócios. I. Coifman, Rodrigo. II. Título.

689-051-23 CDD : 658.421

Índice para catálogo sistemático:
1. Empreendedorismo : Sucesso em negócios : Administração de empresas 658.421

VERMELHO MARINHO

EDITORA VERMELHO MARINHO
Avenida Gilka Machado, 315 – bloco 2 – casa 6
Recreio dos Bandeirantes – CEP: 22795-570
Rio de Janeiro – RJ

Dedicatória

A todos aqueles que acreditaram e nos apoiaram, pois foram fundamentais para seguirmos, mesmo em meio a muitos desafios. **(Felipe Caezar)**

A Deus, por me dar dons, talentos e sabedoria diária para a tomada de decisões que impactam na vida de muitas pessoas. Ao grande amor da minha vida, Janaina, por dedicar e oferecer todo o suporte necessário para exercer a minha profissão com plenitude. Ao meu amado filho Daniel, por me ensinar todo o dia que a família é o maior empreendimento na vida de um homem. Aos meus pais, Esther e João, por investirem comprando o meu primeiro computador e acreditarem que somente a educação pode transformar o indivíduo. **(Rodrigo Coifman)**

Agradecimentos

A Deus, pela minha vida, e por me dar força e saúde para ultrapassar todos os obstáculos encontrados ao longo da minha jornada empreendedora.

A minha esposa, por ter acreditado em mim quando estava começando, mesmo que em meio às dificuldades que passamos para chegar até aqui.

A minha filha, que desde o dia em que nasceu, foi um dos meus maiores incentivos de querer ir além.

A minha mãe e o meu padrasto, por terem me dado apoio e todo o suporte inicial necessário para poder empreender.

— **Felipe Caezar**

A minha irmã, Ingrid Coifman, que sempre foi exemplo e incentivadora na minha jornada.

A todos os líderes e colaboradores da Hub que acordam todos os dias e contribuem para o crescimento da nossa comunidade.

Aos colaboradores da MidiaT e Ângulo Digital, representados por Felipe Santana.

— **Rodrigo Coifman**

A Cordel Ventures, representados por Marcus Saraiva e Strauss Nasar que nos mostraram caminhos e visões importantes no começo do nosso empreendimento.

Ao amigo Igor Batista, por ter sido nosso orientador nos dando um excelente direcionamento a respeito do mercado de Venture Capital.

Aos nossos investidores da Anjos do Brasil, representados por Yves Nogueira. Aos nossos investidores independentes representados por Américo Pereira e Eduardo Gouveia, a Bossa Nova Investimentos, representados por João Kepler.

Aos amigos Yves Nogueira, Strauss Nasar e Tassiana Ribeiro que gentilmente se dispuseram a escrever depoimentos sobre nós.

A João Kepler, por ter topado doar o seu precioso tempo e prestígio para apoiar esse livro construindo o prefácio.

Aos nossos colaboradores HubNautas, que sem eles não teríamos feito tudo o que fizemos.

Ao Ismael Kolling, por desde o começo nos orientar e ter topado o desafio de integrar o nosso time.

Aos nossos orientadores da Central dos Escritores, que nos ajudaram a construir essa obra.

— Felipe Caezar e Rodrigo Coifman

Sumário

PARTE 3: HORA DO LANÇAMENTO

Prefácio

Meu nome é João Kepler e eu invisto em negócios desde 2008. Atualmente, sou CEO da *Bossanova Invest*, a Venture Capital mais ativa da América Latina, e também sou especialista em empreendedorismo, *startups*, *marketing* e vendas.

A *Bossanova* une especialistas e investidores em comitês que buscam investir em pequenas e médias *startups* que tenham um grande potencial no futuro próximo. Na verdade, essa é uma de nossas principais estratégias de investimentos. Diante disso, fui apresentado à *HubLocal*, uma vez que ela tem essa característica. Durante uma reunião desse comitê, Felipe Caezar e Rodrigo Coifman apresentaram seu projeto e foi ali que pude conhecê-los, juntamente a outros investidores que realizavam junto comigo a análise de investimento.

Investir naquela *startup* do Nordeste, mais precisamente de Fortaleza, foi uma escolha certeira e motivada por duas principais razões: a primeira, foi a qualidade do projeto em si e a segunda, a atitude de sair da zona de conforto e ir até a oportunidade. Os maiores e mais tradicionais investidores de *startups* costumam ficar no Sudeste mesmo e sempre esperam os empreendedores irem até eles. Entretanto, a *Bossanova* tem como traço de sua personalidade ir em busca das oportunidades a fim de encontrar novidades em todo o Brasil. Apostar em um negócio fora do eixo faz parte da nossa estratégia de sair do grande centro e buscar inovação em outros lugares, pois existem grandes projetos que são tão bons ou até melhores do que aqueles que nascem em São Paulo.

Até aquele momento, faltava no mercado um projeto que resolvesse a dor de muitos empresários que queriam ser facilmente encontrados em toda a *internet*. Logo, a *HubLocal* estava pronta para oferecer a solução para o problema e conectar as empresas ao *Facebook, Waze, Maps*, e muito mais. Quando vi que existia um projeto de grande crescimento, pensei: "*Tem algo muito bom aqui!*". Além disso, a *HubLocal* apresentou uma excelente validação com seus clientes e seus resultados efetivos chamaram bastante atenção. Esse cenário foi muito importante na nossa tomada de decisão para investir na *HubLocal*.

Fato é que o Nordeste é um verdadeiro celeiro de oportunidades e a *HubLocal* resolveu um problema que poucas empresas se dispuseram a resolver, que é fazer de forma automatizada com que pequenos e médios negócios tenham uma boa visibilidade *online*.

Existe por aí uma ideia generalizada de que a *startup* só consegue crescer se sair do seu local de origem e migrar para São Paulo. Mas não acredito que isso seja verdade! Precisamos desmistificar isso.

A *HubLocal* se iniciou e concentrou em Fortaleza e foi buscar dinheiro fora porque não encontrou todo o recurso na sua cidade, mas não precisou sair de lá! Encontrou apoio em um grande centro, porém, manteve toda sua estrutura na sua cidade natal. Para nós, manter uma *startup* na sua base é importante para gerar emprego e renda com a finalidade de promover o desenvolvimento econômico daquele lugar. Acredito fortemente nesse modelo de atuação que visa o crescimento do cenário nacional.

Toda história tem lições e aprendizados. A iniciativa do Felipe e do Rodrigo de contarem como foi sua maratona cheia de obstáculos mostra que essa não é uma corrida de 100 metros rasos, mas uma jornada longa. Então, quando contam essa empreitada a partir da perspectiva deles, podem transmitir ensinamentos que servem não para encurtar o caminho das pessoas (porque esse não é o objetivo), mas para mostrar como superar e ultrapassar esses obstáculos que inevitavelmente surgem no caminho.

Atualmente, o mercado de *startup* brasileiro está muito mais maduro e com empresas mais consolidadas. Há muito mais informação pública sobre o tema e o público em geral tem uma compreensão muito melhor sobre o que é uma *startup* porque empresas como *Whatsapp, Instagram, Spotify, Netflix*, são ou foram uma *startup* e já fazem parte da vida das pessoas. O senso comum já tem a consciência do que é esse tipo de negócio, pois usam esse serviço diariamente. Isso ajuda bastante internamente para que *startups* tenham projeções e sejam vistas como um negócio que pode ser grande no futuro.

Ninguém mais desdenha ou deixa de contratar uma *startup* porque não sabe o que é. Pelo contrário, são negócios cada vez mais valorizados e as pessoas se sentem próximas das *startups* que estão até mesmo no seu celular.

Quanto a educação, o universo de *startups* têm muitos livros publicados com linguagem simples e que ajudam demais a expansão do conhecimento. A partir disso, se tem empreendedores mais preparados, negócios mais estruturados, mercados mais abertos à compra, governos contratando, uma lei específica que conceitua o que é uma *startup* e um ambiente muito mais favorável a se construir negócios inovadores do Brasil porque se entende o que é essa nova economia.

Há algum tempo, víamos apenas empreendedores mais velhos com uma história bem longa, contando o que viveram. No entanto, hoje podemos aprender com pessoas que estão vivendo e contando a experiência.

A Jornada das Startups é um livro fresco, atual, presente, realista e, acredito eu, uma grande contribuição para o mercado. A *HubLocal* é uma *startup* que pode chegar aos milhões de maneira muito rápida e incrível. Acredito muito nesse modelo e espero que esse livro ajude cada vez mais empreendedores.

João Kepler

"A necessidade é a mãe da inovação"
Platão

Startup não é uma estrela, é um universo

A História da Startup

Até 2019, quando fundamos a *HubLocal*, tínhamos apenas o sonho de montar um negócio lucrativo no ramo da tecnologia, universo que dominamos e no qual acreditamos. Porém, éramos dois empreendedores agindo por puro instinto, e passamos vários anos buscando nosso negócio.

Nos conhecemos em 2014, após um de nós (Rodrigo) salvar o desenvolvimento de um projeto anterior onde o outro (Felipe) vinha tentando desenvolver com outros programadores que prometiam, porém não conseguiam concluir. Após esse episódio, estabelecemos uma boa amizade, que, posteriormente, quando o Felipe foi certificado pelo *Google*, se tornou uma sociedade.

Eis que chegamos a junho de 2019 depois de cinco anos empreendendo juntos. Estávamos em busca de um investimento para o nosso negócio, que tinha alcançado os primeiros resultados. Enquanto participávamos de eventos, fazíamos *pitches*[1] para grandes empresários em busca de mais recursos. Acreditávamos que quanto mais perto de empresários ricos e bem-sucedidos estivéssemos, maior seriam as chances de captarmos um bom investimento para acelerar o nosso negócio.

---

1 O **pitch** é uma apresentação resumida, essencial e diferenciada com objetivo de despertar o interesse de investidores pelo seu negócio.

Naquela época, ambos não tínhamos dimensão do que era o universo das *Startups*, e é por isso que erramos e mudamos tanto o modelo de negócio até encontrar aquele que fosse o mais aceitável e assertivo.

O jogo virou mesmo quando encontramos uma aceleradora chamada *Cordel Ventures*, dos amigos e empreendedores Marcus Saraiva e Strauss Nasar.

Costumo dizer que, hoje, tudo que aprendemos com eles nos parece óbvio, mas na época foi o que sinalizou que estávamos buscando uma mina de ouro cavando sempre no lugar errado. Eles foram os guias que apontaram onde realmente deveríamos cavar. O conteúdo aprendido foi como uma forquilha de encontrar água em terras áridas.

A *HubLocal*, nossa *startup*, é hoje uma solução que possibilita aos estabelecimentos das empresas (locais) serem encontrados nos mecanismos de buscas online, como Google Maps, Facebook Places, Waze, Apple Maps e dezenas de outros. Funcionamos como uma Plataforma SAAS, um modelo de assinatura mensal, ou "*Software as a Service*", na sigla em inglês. Para utilizar nossos serviços, os clientes não precisam instalar *softwares* ou adquirir *hardwares*, tudo é feito pela nossa plataforma *online*.

Atualmente, temos centenas de colaboradores, clientes em todos os estados do Brasil e estamos em uma trajetória de crescimento escalável.

Decidimos ir atrás do nosso primeiro investimento quando éramos apenas quatro colaboradores.

> *Estávamos "vendendo o almoço para pagar o jantar", porém, identificamos que o nosso produto era bem aceito pelos clientes, com uma boa tração de vendas e crescimento.*

Foi quando nossos parceiros da *Cordel* agendaram um almoço conosco e nos disseram a frase que viria mudar completamente nossa história: "*Vocês precisam se posicionar como uma startup*".

Lembro que, quando disseram isso, nos sentimos ofendidos. Foi um choque! Buscávamos investimento porque o nosso negócio já tinha um faturamento considerável para uma empresa em fase inicial (cerca de R$30 mil em receitas mensais) e fazia cinco anos que vínhamos tentando desenvolvê-lo.

Quando falaram isso, a percepção que tivemos foi que teríamos que começar de novo. Tínhamos a visão que uma *startup* nada mais era do que um negócio que ainda está na garagem da casa dos pais e nós, apesar de ainda pequenos, já estávamos nos estruturando e possuíamos bons clientes.

> *Startup é uma "empresa emergente" que tem como objetivo principal desenvolver ou aprimorar um modelo de negócio, preferencialmente escalável, disruptivo e repetitivo.*

Hoje, entendemos bem o que eles queriam que fizéssemos de verdade. Mas na época da proposta não tínhamos ainda completa ideia do que significava ser uma Startup e todo o universo que existe através desse ecossistema.

Eles queriam que víssemos um novo mundo, um novo horizonte que ainda não havíamos alcançado. Eles acreditavam que, como uma empresa convencional, éramos muito pequenos para receber investimentos de outras grandes empresas ou empresários. Mas, como

Startup, que de fato nós somos, seríamos considerados uma empresa promissora, que já tinha uma boa base de clientes e um bom faturamento com pouco tempo de vida.

Finalmente, pensamos: "*O que temos a perder? Vamos apostar novamente*". Foi aí que decidimos que a *HubLocal* nada mais era do que uma *startup*. Parece pouco, mas foi uma mudança de posicionamento completo.

Antes de tudo, fomos apresentados ao Ecossistema como um todo, com seus vários participantes que contribuem para as *startups* se desenvolverem. Mas o que é um Ecossistema?

Ecossistema em relação a uma *startup* é um conjunto de atores que vivem em um determinado local e interagem entre si e com o ambiente, constituindo um sistema estável, equilibrado e autossuficiente. O termo foi utilizado pela primeira vez em 1935 pelo ecólogo Arthur George Tansley em relação aos sistemas biológicos e ambientais.

Aprendemos que, para uma *startup* surgir, ela precisa de comunidades (Rapadura Valley, San Pedro Valley, entre outras), funcionários capacitados (universidades, academias, entre outros espaços de educação), espaço físico (*coworkings*, ambientes de inovação, incubadoras, entre outros), conhecimento (aceleradoras, programas de aceleração e mentores), visibilidade (mídia e imprensa), formas de arrecadar recursos financeiros (investidores, bancos, entre outros) e muitos outros fatores que contribuem para que o novo empreendimento seja um sucesso.

Cada peça do ecossistema, quando bem aplicada, facilita o surgimento de novas startups.

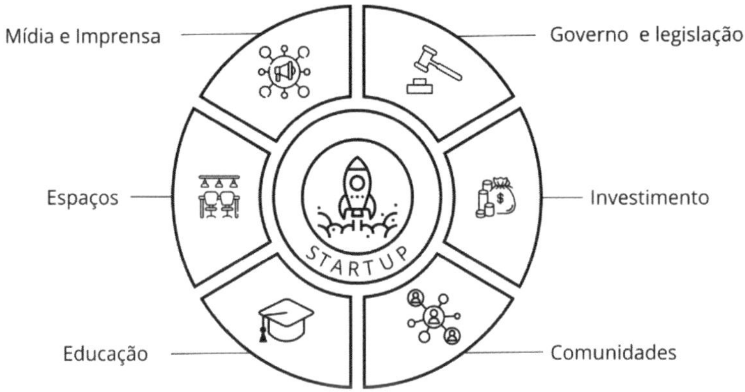

Fomos conhecendo passo a passo cada um desses atores, entendendo como poderiam contribuir de fato com a nossa *Startup*, e fizemos isso de forma intensa, sem perder as oportunidades que chegavam até nós.

Participamos dos principais programas de aceleração como o *Inovativa Brasil* (no qual fomos destaque da banca de *e-commerce* e *marketing*) e do *Scale Up Endeavor Brazil*, para entender melhor como funciona o ecossistema e obter ajuda de empreendedores mais experientes que nós.

Nos inserimos nos principais ambientes de inovação do país, como o *Cubo Itaú*, *Inovabra*, *Distrito* e *BS Innovation Hub*, que reúnem as melhores *Startups* do país para construção de *networking* entre si e com o mercado.

Ganhamos destaque na mídia e imprensa em programas como Pequenas Empresas e Grandes Negócios, na Revista Exame, entre outras, por diversas ações e conquistas que tivemos durante nossa jornada.

Mas o objetivo principal era captar investimentos, por isso descobrimos logo o que era necessário para fazer um investidor se interessar pela nossa empresa e a jornada que teríamos que trilhar.

Inicialmente, nos relacionamos com os principais grupos de **investimento anjo** do país. Percebemos que estávamos completamente equivocados em pensar que eram quaisquer empresários ricos que investiriam no nosso negócio — nem mesmo aqueles que possuíam negócios similares ao nosso seriam os nossos investidores. Descobrimos que o ideal era buscar investidores que já entendessem como funciona esse ecossistema.

Descobrimos que existiam milhares de investidores independentes e fundos de investimentos com bilhões de dólares dispostos a arriscar o seu dinheiro em prol de um bom negócio no Brasil.

De lá para cá, muita coisa mudou. Tanto no nosso nível de conhecimento, quanto no caminho que passamos a trilhar. Mas, afinal de contas, toda história tem um início, e foi assim que a nossa jornada pelo incrível universo das *Startups* começou.

Convidamos você leitor a perceber que apesar da palavra startup conter "star", que significa "estrela" em inglês, ela vai mais além, se constitui em um universo que espera o seu *start (que significa "começar" em inglês)*, o seu sinal de partida, para viajar conosco nessa grande Jornada das Startups.

Vem conosco!

Felipe Caezar e Rodrigo Coifman

ENTRE O MUNDO
E O UNIVERSO

Capítulo 1
Nem tudo nasce de uma explosão

O Mundo, por Rodrigo Coifman:
Como elaborar e desenvolver uma ideia

"Empreender é como saltar de um
penhasco e construir o avião durante a queda"
(Reid Hoffman)

Para ter uma boa ideia, transformá-la em uma solução e desenvolvê-la, antes de tudo é preciso saber identificar problemas. Para que um negócio tenha vida longa e faça algum sentido, precisamos identificar a dor social, de preferência algo que seja o problema de muitas pessoas – ou empresas.

Antes de vivenciar muito bem o mercado de *Marketing* digital, no qual eu e Felipe estamos inseridos, já tínhamos uma longa história anterior ao nosso relativo sucesso. Eu, particularmente, tive uma formação profissional que passou por 11 anos em um dos maiores grupos de comunicação do país, e ali o *marketing* era uma das áreas mais interligadas com a tecnologia, minha área de atuação desde os 12 anos de idade, quando ganhei o primeiro computador dos meus pais. O Felipe, por sua vez, vinha estudando e empreendendo no mercado digital desde o período de faculdade. Era bem provável, então, que nosso encontro gerasse algum projeto que envolveria *MARKETING* E TECNOLOGIA.

> *Para ter uma boa ideia você precisa, antes de tudo, escutar e estar inserido no contexto onde o problema que quer resolver se move!*

Você pode ter muitas ideias, mas se não conhece o ecossistema envolvido ou não está inserido de alguma forma no contexto, elas serão superficiais, não farão eco ao clamor do mercado. Sem validação, sua ideia não terá força ou um coro para impactar o mundo dos negócios.

Há algum tempo, nós tivemos outras experiências empreendendo com uma agência de *marketing* digital, soluções e consultorias. Por conta disso, acabamos tendo acesso aos nossos clientes, pesquisando ideias na *internet* e no mercado, estudando, vivenciando e experimentando várias situações. Foi isso que nos deu bagagem, um *background*[2] muito grande para escutar e identificar problemas todos os dias – e descobrir, inclusive, que este é um processo dinâmico, acontece e se modifica a todo instante principalmente em um cotidiano líquido que estamos vivendo atualmente.

ESTAÇÃO 1: ESCUTAR

Com o tempo, o ouvido ficou mais apurado para entender quando o primeiro cliente aponta um problema. Então o segundo cliente se expressa e, depois, o terceiro continua falando da mesma dor e ninguém acha uma solução... é nesse momento que se registram os grandes *insights*! O cliente não sabe como resolver, mas existe algo ali e não há dúvidas de que é algo pertinente, porque já foi relatado diversas vezes por muitas pessoas.

A pergunta que faço para você que deseja desenvolver uma startup é: Será que, com meu *background*, conhecimento e minha experiência, eu não conseguiria conectar a solução com o problema identificado?

> *A ideia é exatamente o elemento que reduz a distância entre o problema e a sua solução.*

2 Em inglês, literalmente, pano de fundo de algo, aqui, funciona como contexto, bagagem etc.

No entanto, a essa altura, a solução provavelmente ainda está no nível filosófico de ideação. No começo, a sua ideia pode até ser algo hipotético. Isso talvez aconteça porque você ainda não tem todas as validações e informações consolidadas.

Você identifica algo, vai no mercado e encontra alguém resolvendo aquilo de uma maneira muito convencional, ou mesmo nota que ninguém se dedica à questão. Você então começa a entender que você pode resolver isso de uma maneira criativa.

Aos poucos, percebe que a sua solução é a melhor! A mais enxuta! A mais escalável! A mais inteligente! A que remunera melhor! Após seguir todos esses passos, será necessário aprofundar a ideia para compô-la de uma maneira assertiva.

> *Eu diria que existe a macro (ideia geral) e a micro ideia. Esta última nada mais é que a ideia geral com os pontos e detalhes bem desenvolvidos para fundamentá-la!*

Acredito que é possível ter uma macro ideia ao escutar o cliente, por exemplo. Porém, é preciso ir mais a fundo para entender se essa ideia é plausível, se é exequível e se ela é de fato inteligente.

Tem gente com todo tipo de ideia. Durante as mentorias de *startup*, escuto pessoas criando soluções para tudo, mas quanto mais complexa é a resposta, mais distante do mercado se torna — e não é nada fácil mudar o hábito de uma sociedade. A maioria de nós quer se diferenciar, aumentar essa complexidade, isso aumenta o estresse do modelo de negócios. Porém, começar o pensamento enxuto nos ajuda a desestressar o modelo de negócio onde essa ideia estará inserida.

A ideia sempre cabe no papel e na filosofia do seu idealizador, mas, quando você estuda e pesquisa, talvez descubra que já existe alguma iniciativa semelhante e você apenas quis *gourmetizar* a mesma solução. Há outros casos em que a ideia ainda não está pronta para o mercado absorver. Isso também acontece...

Há alguns dias, fui fazer a mentoria de uma *startup* que queria contar pessoas que viam os painéis de mídia eletrônica, com objetivo de mensurar sua audiência. Ao invés de colocar gente na rua fazendo pesquisa, seriam usadas câmeras estilo aquele seriado futurístico, *Black Mirror*, gravando todo mundo na cidade, identificando os rostos e os comportamentos. Mas, quando fui conversar com um técnico que entende de vídeo monitoramento – muitas vezes é importante consultar um especialista na área – ele me disse: *"Rodrigo, eu teria que ter tantas câmeras da cidade e uma infraestrutura de dados tão grande que precisaria ter investimento na casa do trilhão!"*

Nesse cenário, você acha que algum investidor aportaria um trilhão para realizar um projeto que vai durar trinta, quarenta anos, para no final obter esses dados? Provavelmente não. Enquanto isso, medir a quantidade de carros que passam em uma avenida é algo bem mais simples de implementar. Carros andam em um limite de velocidade e em uma mesma direção e possuem placas que são lidas digitalmente. Já as pessoas agem de forma diferente – andam em velocidade e direção diferentes e possuem menor tamanho.

Quando exploramos o critério técnico, vimos ali um grande impedimento para contagem de pessoas. Enfim, existem ideias que são lindas e resolveriam uma dor, mas são completamente inviáveis.

ESTAÇÃO 2: PESQUISAR E APRENDER

Quando tenho uma ideia que não é do meu segmento de atuação – até porque já entrei em outros negócios – geralmente, antes de tudo, converso com especialistas da área. Procuro bater um papo com as pessoas daquele meio, faço uma espécie de estudo de mercado e vou atrás de entender aquele assunto. "*Existe uma dor, escutei meus clientes falando sobre isso! Você conhece alguma solução? Já viu alguma empresa que faz algo? Já participou de algum projeto de pesquisa sobre isso?*" É assim que faço, vou pesquisando e aprendendo!

> *Quando você perceber que a ideia começou a fazer sentido, essa é a hora de buscar outras pessoas para se certificar que ela tem poder de execução.*

Para tirar as ideias do papel, estar inserido no mercado já é um ponto que pode ajudar bastante. Dessa forma, você não vai falar besteira! O que mais escuto são ideias cheias de "*blá, blá, blá*". Quando você analisa uma ideia, deve ter a mínima noção do que aquilo pode trazer de consequência e impacto para o consumidor da solução.

Caso você não saiba essa resposta, pergunte a quem sabe. Se você não está inserido no contexto, tem que, no mínimo, estudar e procurar quem conhece disso melhor do que você. Eu e Felipe sabíamos muito bem o que estávamos fazendo, mas não encontrávamos um modelo de negócio viável e eficaz.

Não discutíamos por falta de conhecimento, o nosso impasse era pelo modelo de negócio. Com a consultoria, eu sentia que morreria de trabalhar pelo resto da vida. Eventualmente, íamos nos cansar de fazer aquilo, sem construir nenhum ativo. Eu pensava: "*quando o Felipe entrar de férias, vou estar com um braço a menos*". No momento que um de nós estivesse fora do negócio, provavelmente ele estaria comprometido.

A Hublocal começou como uma consultoria para posicionar empresas no mapa do *Google*. Depois de algum tempo, transformamos este serviço em um produto, pois, apesar de ser uma boa ideia, ele não gerava escala. A consultoria era totalmente personalizada. Mesmo que os processos fossem repetitivos, se mudássemos o tipo de negócio, mudava também a análise. Isso era terrível! Não conseguíamos fazer um trabalho para muitas pessoas e estávamos sempre com a grana curta e sem previsibilidade futura.

Para quem se dedica à inovação, nem sempre é fácil trabalhar com pouco dinheiro, porque erros acontecem para nos ensinar aonde não ir ou o que não fazer. Na época em que vendíamos consultorias, eu já sabia que estávamos em um "*mato sem cachorro*", como dizem popularmente. Nosso negócio era muito tecnológico, muito *hightech* – os empresários não entendiam muito bem o que era. Até hoje, gasto um tempão explicando a nossa solução. Não sabíamos ainda como estruturar isso num modelo que pudesse fazer sentido.

Costumo dizer que "*não existe uma fórmula única para criar uma startup!*". Já vi *Startups* nascerem em um sonho na madrugada. Um cara que nunca tinha atuado no segmento e que buscou pessoas, sócios, estudou sobre o mercado, tudo isso antes de começar o negócio. E existe o nosso caso! Nós já tínhamos o negócio, mas ele precisava de aperfeiçoamento. Direcionamos esse negócio para ter cara de *startup*, um conteúdo replicável, um modelo de inteligência. O nosso caminho foi diferente, mas não acho que nosso caso seja único.

Conhecemos ideias muito boas, por exemplo, cujos criadores só estavam satisfeitos em apresentá-las para o mercado se estivessem solucionadas, com o programa pronto e o desenvolvimento concluído. Mas isso não existe, tudo tem que ser testado e validado.

ESTAÇÃO 3: PLANEJAR

Existe um livro bem interessante chamado *Startup Enxuta*, do Eric Ries, que é basicamente a Bíblia de metodologias para *Startups*. Ele apresenta o *Lean Canvas*, um modelo em que é estruturado um plano de negócio sucinto, em que você coloca alguns tópicos como Problema, Solução, Vantagem Competitiva, Vantagem Injusta e ali planeja o como fazer, como se fosse a modelagem de um negócio ainda em processo conceitual, porém com mais informação e mais pesquisa – nessa etapa, a ideia não está mais tão solta.

O *Lean Canvas* te consolida para chegar em um ponto onde sua ideia não é mais superficial, mas algo com lógica, que tem uma razão e faz sentido. Então, explorar o *Lean Canvas* na fase de ideação é fundamental para que possamos saber se essa ideia é boa ou não. Segue o modelo conforme o quadro a seguir:

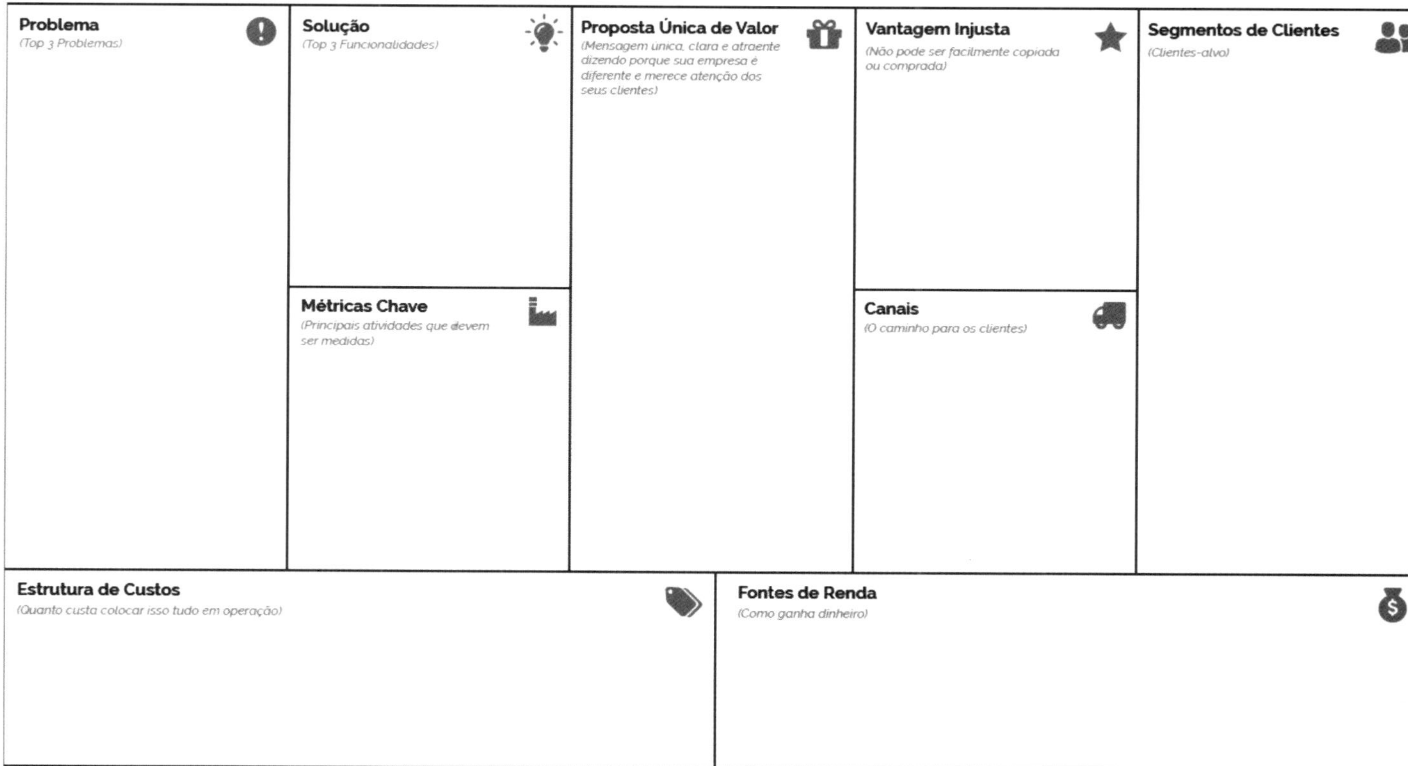

Problema
(Top 3 Problemas)
Solução
(Top 3 Funcionalidades)
Métricas Chave
(Principais atividades que devem ser medidas)
Proposta Única de Valor
(Mensagem única, clara e atraente dizendo porque sua empresa é diferente e merece atenção dos seus clientes)
Vantagem Injusta
(Não pode ser facilmente copiada ou comprada)
Canais
(O caminho para os clientes)
Segmentos de Clientes
(Clientes-alvo)
Estrutura de Custos
(Quanto custa colocar isso tudo em operação)
Fontes de Renda
(Como ganha dinheiro)

Problema

Descreva até 3 principais problemas que a sua solução resolve. Tenha fontes que validem a existência desses problemas tais como pesquisas de mercado, depoimentos de especialistas no setor ou algum possível cliente.

Solução

Documente pelo menos três funcionalidades que compõem a sua solução. Não é necessário detalhar as funções, mas de forma objetiva você precisa mostrar o que a sua solução entrega para que clientes e investidores invistam.

Métricas Chave

São os principais indicadores que monitoram a performance da sua empresa. Conhecidos como KPIs (*Key Performance Indicators* ou Indicadores Chaves de Performance) que devem medir aspectos como geração de receitas, retenção de clientes, satisfação dos clientes e controle de atividades, por exemplo.

Proposta Única de Valor

Nessa parte, é importante especificar o principal motivo pelo qual seus clientes comprariam o seu produto e não o do seu concorrente de mercado.

Vantagem Injusta

A vantagem injusta refere-se ao que sua empresa tem como diferencial. Ou seja, é aquilo que não pode ser copiado ou comprado por outro negócio, como, por exemplo, uma inteligência própria, uma equipe dos sonhos, apoio de especialistas ou os clientes já existentes.

Segmentos de Clientes

Aqui você define quem são os possíveis clientes da sua startup. Definir se você venderá para empresas (B2B), para pessoas físicas (B2C) ou para governo (B2G). Esse público pode ser organizado por perfis como faturamento, segmento de mercado, região e interesse principal. Uma boa dica é, dentro do perfil empresarial, definir um mapa de personas onde você consegue entender mais sobre o tomador de decisão de compra pelo lado do seu cliente. Dados como perfil etário, formação e função profissional como também como essa pessoa se comporta em seu dia a dia.

Canais

Essa parte é muito importante para a construção e crescimento do seu negócio pois define como você pretende atrair os seus clientes. Prospecção ativa, redes sociais, blog, email *marketing*, anúncios patrocinados na *internet* e eventos são canais existentes atualmente. Importante sempre priorizar a construção das suas máquinas de venda dando preferência para onde o seu cliente tem maior aderência e baixa complexidade para ser encontrado. É muito comum clientes *enterprise* (grandes corporações) funcionarem bem com prospecção ativa (*outbound*) e clientes menores através de anúncios patrocinados na internet (*inbound).*

Fluxos de Receita

Nesse momento você informará como pretende cobrar pelo seu produto ou solução. Será feita a compra avulsa ou existirá assinatura? Qual a frequência e *ticket* médio da compra? Você possui algum plano gratuito de entrada? Existem novos produtos que poderão ser ofertados para clientes da base atual? Entenda que quanto mais oportunidades de venda para um atual ou novo cliente, melhor você conseguirá monetizar e provar que esse negócio tem potencial de crescimento e sustentação financeira.

Estrutura de Custos

Levantar os custos fixos e variáveis que a sua operação atualmente possui é imprescindível para demonstrar margens e viabilidade presente e futura. É ideal entender quais são os custos que crescem proporcionalmente com a entrada de novos clientes. Custo de aquisição do cliente, custos com servidores e fornecedores de tecnologia são fundamentais para esses cálculos variáveis.

> *Lembre-se! Como é que nasce a necessidade de você ter uma ideia, de você montar uma startup? Nasce do problema!*

Uma das maiores startups do Ceará, A Agenda Edu, nasceu depois que um dos fundadores teve um problema com o colégio da sua filha. As professoras colocaram um aviso na agenda de papel informando que haveria uma festa a fantasia no dia seguinte e ele simplesmente não viu. No dia do evento, a menina acabou sendo a única que não estava com a fantasia. Que frustração! Ele gostava de tecnologia, de ter tudo no celular, com notificações e tinha dificuldade de acompanhar a agenda física. Foi a partir desse problema que nasceu a ideia de uma *startup* de sucesso, vendida para um dos maiores grupos de educação do país. Uma outra forma de comunicação entre escola e pais de alunos. Ela surgiu pelo ponto de vista do cliente.

Existem vários caminhos, várias formas de se descobrir uma ideia. A nossa foi meio improvável. Foi muito mais uma mudança de direção, de visão e de *mindset*[3] do que um grande *insight*, como o cara que chega na escola e vê que a filha está sem fantasia. Fomos caminhando, batendo cabeça durante bastante tempo até encontrar o modelo certo.

3 Em português, "mentalidade" ou configuração da mente, é a maneira de pensar sobre algo.

O nosso processo surgiu ouvindo nossos clientes. Analisamos que "*desse jeito a gente não vai continuar. Não está legal. Temos que fazer diferente. De uma maneira mais rápida. Não dá para ficar mais nas consultorias porque a gente vai ficar velhinho falando sobre tecnologia! Daqui a pouco a gente não terá a mesma disposição*". Nas conversas, sabíamos que tínhamos um grande potencial em mãos, mas do jeito que fazíamos, não iria adiante.

Eu estava incomodado com o nosso modelo. Quando estávamos falidos e sem perspectivas, recebemos um convite para participar de um evento de imersão no Vale do Silício, berço de *startups* americanas. Não tínhamos a grana, mas muita vontade de aprender e conhecer as principais iniciativas futuras do nosso segmento.

Me lembro que, mesmo sem dinheiro, topamos fazer uma venda antecipada de um cliente e adiantamos o mínimo possível para bancar a viagem. Tempos depois, o Felipe intitulou a viagem como "*Pão Com Ovo no Vale do Silício*", fazendo alusão a uma viagem com baixo orçamento. Viajamos para os EUA e o evento aconteceu em uma área do *Google* dedicada a incubação de *startups.* Foi muito legal ver empresas em diferentes estágios de maturidade.

Existiam empresas de uma só pessoa em cabines minúsculas e outras com um andar inteiro dedicado a elas. O que diferenciava era exatamente o quanto a ideia tinha evoluído rumo à solução.

HubLocal

Conhecemos um *hub* de inovação e participamos de um evento falando sobre o futuro das nossas tecnologias. Ali, percebi que precisávamos nos dedicar muito mais ao processo repetitivo e funcional do que aos sistemas, que serão sempre modificados e efêmeros. Lá, tivemos os primeiros *insights,* mas a grande virada veio depois que encontramos uma aceleradora chamada *Cordel Ventures.*

Foram eles que nos explicaram o que vimos ali de uma maneira metodológica, racional, replicável. Não estávamos fazendo nada do que as empresas lá de fora faziam. Elas trabalhavam no formato de captação de investimento. Nós já tínhamos contato com o ambiente e a inovação, mas não sabíamos como transformar isso em negócio.

Um *insight* brilhante para um grande negócio não vai simplesmente surgir do nada. A ideia da *startup* precisa ser estruturada, embasada, precisa ter uma tese. Ter uma ideia e já partir para a validação mostra falta de planejamento.

Em nosso começo, conversamos com muitas pessoas. Descemos do voo em Los Angeles para passar horas explorando e refinando essas ideias. O problema pode nascer da nossa cabeça de forma teórica, ou a partir de estudos a respeito. Quem embasou a *HubLocal* teoricamente foi o estudo realizado pelo *Boston Consulting Group*. A pesquisa de maturidade digital apontava que a maioria esmagadora das empresas no Brasil não estavam presentes em todos os canais digitais necessários para uma boa presença digital.

Um dos canais mais lembrados era o site e as redes sociais. Porém, as empresas não se posicionaram em grandes diretórios e mapas do *Google*, *Facebook*, *Foursquare* e *Yelp*. Aprofundando mais, descobrimos que não era apenas a falta de conhecimento deste canal, mas a dificuldade em integrar uma mesma informação em todas essas plataformas.

Foi aí que decidimos que precisaríamos desenvolver uma plataforma que ajudasse essas empresas a estarem presentes com informações uníssonas e sincronizadas nestas plataformas. Os nossos anos de experiência em consultoria não foram em vão. Conseguimos criar uma *machine learning,* que conseguia otimizar as empresas a serem encontradas com mais facilidade quando se pesquisava pela categoria de produto ou serviço próximo ao local de quem estava buscando na Internet.

Por último, construímos um grande painel com indicadores que traziam dados de *Business Inteligence* como mapa de calor, de onde as pessoas traçavam rotas, horários de picos do estabelecimento, termos mais buscados e até mesmo a quantidade de ligações geradas para cada estabelecimento.

Esses dados ajudaram milhares de empresas no Brasil a desenvolver um modelo de gestão mais assertivo, ao invés de baseado em suposições não fundamentadas.

> *Nem tudo nasce de uma explosão. A ideia nasce da dor, da necessidade. Assim nasce uma startup! Como ter, deixar nascer, desenvolver a ideia é ver-se através de experiências que as pessoas têm nas suas vidas.*

As experiências que você tem no seu dia a dia são o que de fato revelam um problema e a necessidade de uma solução.

O Universo, por Felipe Caezar:
Não peça conselhos aos seus medos

"Não peça conselhos aos seus medos"

(George S. Patton)

Uma *Startup*, assim como qualquer empresa, pode ser considerada um ser vivo, uma pessoa. Inclusive, se formos buscar no âmbito do direito, uma empresa é chamada de pessoa, não física, mas sim jurídica.

Assim como uma pessoa, é importante saber que uma empresa nasce de algum lugar. Ela começa pequena, similar a um bebê e vai crescendo com o tempo. Ela pode adoecer com os problemas e desafios do dia a dia e ter uma vida muito parecida a de qualquer outra pessoa, que nasce, cresce, adoece e morre no final.

> *A diferença é que uma Startup tem em sua essência um processo de crescimento acelerado em um prazo bem mais curto que 99% das outras pessoas jurídicas.*

Os pais de uma *Startup*, assim como de qualquer empresa, são chamados de "empreendedores". Pela semântica em si de como são chamados os pais, já dá para entender como é chamado o "embrião" que as reproduz: o empreender nasce de uma dor, ou, em definição equivalente, um problema.

Costumo contar essa história em algumas palestras que faço quando a temática é: "*Como foi criar a HubLocal e como ela chegou até aqui*". É importante que as pessoas saibam de forma simples como se nasce uma *Startup*, para que consigam reproduzir aquilo que fizemos no início. Não, uma *Startup* não nasce de uma explosão, ou pelo menos não deveria, como muitos idealizam e imaginam.

Agora, o que é necessário para fecundar o óvulo para que ele se torne uma pessoa jurídica grande e saudável? Eu costumo elencar quatro pontos:

1. Modelo de negócio inovador;
2. Time;
3. Estratégia;
4. Vendas.

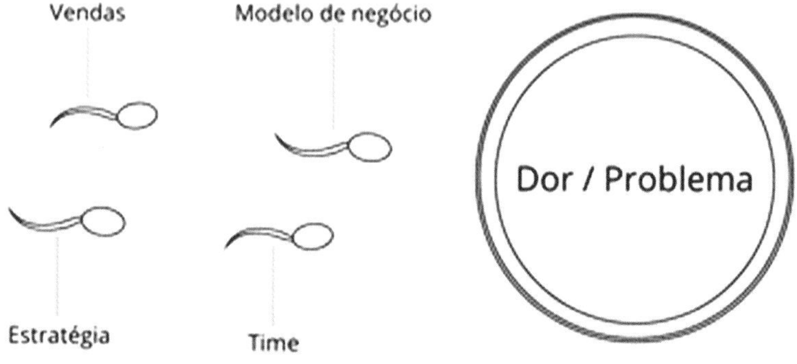

Quando começamos a *HubLocal,* eu e o Rodrigo vínhamos empreendendo juntos há mais de cinco anos. Eu sempre tive o sonho de me tornar um empreendedor, desde que saí da faculdade de Administração de Empresas. Venho de uma família de empreendedores onde apenas um deles teve um sucesso considerável, o meu avô, que foi um grande industrial do sabão; já os demais, não conseguiram reproduzir o que ele deixou como herança, mas apenas a administraram.

Dessa forma, comecei a empreender em 2012, após um amigo me apresentar tecnologias do *Google Maps.* Ainda sem saber como uma empresa nasce ou que era uma *Startup*, eu tive um *insight*, parecido com uma explosão em minha cabeça, que me fez pensar que eu gostaria de viver daquilo e que aquela tecnologia seria muito necessária na vida das pessoas no futuro.

Dessa forma, fiz meu primeiro empreendimento na base do *feeling*, olhando para aquela tecnologia disruptiva, sem entender muito o que fazer. Até porque, a faculdade só ensina a teoria. A prática, garanto por experiência própria, é muito diferente.

> *Teria como ter dado certo? Infelizmente não deu. Começar uma empresa por base de uma explosão, ou um insight, focando apenas em tecnologia, em quase todos os casos, dá muito errado, com raras exceções.*

Mas, assim como a NASA, que mencionou que existem "fracassos bem-sucedidos" que nos ensinam a seguir adiante após o fracasso da viagem a lua realizada pela nave Apollo 13, foi isso que fiz. Peguei aquilo que aprendi no meu insucesso e montei algo com algumas concepções da minha experiência anterior.

Foi aí que a nossa jornada rumo a *HubLocal* começou.

Nessa época, ainda não sabia o que era uma *Startup* e continuava a empreender no *feeling*. Rodrigo, que conheci durante meu insucesso no projeto anterior, resolveu se tornar meu sócio em um negócio bem interessante, onde tínhamos uma parceria muito próxima com o *Google Maps* e daríamos consultoria de como as empresas iriam colocar seus negócios no mapa do *Google*.

Esse empreendimento era rentável, principalmente pela força que a marca *Google* tem em abrir portas. Entretanto, sentimos uma grande dificuldade de escalar, tanto financeiramente quanto em quantidade de clientes. O que o tornou insustentável e inviável com o passar do tempo.

Passamos quatro anos insistindo nesse modelo de negócio, até percebermos que ele não daria mais certo. Ainda nessa época, não tínhamos a mínima noção do que era uma *Startup*. Esse entendimento só veio a acontecer em 2019, quando fomos achados pela *Cordel Ventures*, uma aceleradora que também estava iniciando.

Eles que nos deram a informação que precisávamos: "*Vocês não sabem o que vocês são? Vocês são uma Startup, ou pelo menos precisam ser uma*". Foi aí que começamos a receber toda orientação que hoje conseguimos passar neste livro.

Começamos do início, porém, tínhamos uma grande vantagem. Já estávamos há anos tentando desbravar um negócio – o que nos permitiu crescer como empreendedores, bem como aprender com os nossos erros. Criamos o que alguns chamam de "casca grossa". Porém, tivemos que ser apresentados para todo o Universo das *Startups*.

A partir daí, passamos a pensar em como nos posicionar como uma *Startup*. Era a tecnologia que realmente importava? Se fosse isso, estávamos perdidos, pois não tínhamos tecnologia desenvolvida suficiente para ir ao mercado. Foi aí a nossa grande sacada.

Ao invés de desenvolver uma plataforma ou uma solução de tecnologia, resolvemos pegar os anos de aprendizados que tivemos e observar o que os nossos clientes nos falavam como oportunidades de mercado.

Os quatro anos em que trabalhamos diretamente colocando empresas no *Google Maps* nos permitiram ouvir de muitos clientes que não eram encontrados em outros dispositivos, como na *Apple Maps* e na localização do *Whatsapp,* da mesma forma que eram no *Google.*

Sempre que os clientes falavam isso, eu refutava dizendo que só trabalhávamos com o *Google,* e o *Apple Maps* e a localização do *Whatsapp* eram outros canais onde não tínhamos nenhuma interferência.

Depois de escutar isso 20, 30 vezes, vi aí uma boa oportunidade de entrar no mercado. Identificamos que havia uma dor generalizada na nossa base, o que poderia ser um caminho interessante para trabalharmos.

Essa dor foi confirmada quando o *Boston Consulting Group* (BCG), em parceria com o próprio *Google,* veiculou um estudo que dizia que a maioria das empresas não estavam no multimomento, ou seja, não estavam em todos os canais digitais que deveriam estar de forma ativa.

Bingo! Encontramos o que queríamos. Não deveríamos mais apenas prestar consultoria com o *Google*, deveríamos montar um novo modelo de negócios que ajudasse os nossos clientes a estar presentes em todos os principais mapas e listas da *internet*, ajudando nesse problema mundial quase que generalizado.

Foi aí que "pivotamos" (o que significa mudar o modelo de negócio), sem investir quase nada em tecnologia. Começamos a olhar não somente para o *Google Maps*, mas para todo o ecossistema de mapas e listas da *internet*.

Deu muito certo e, com um simples *powerpoint*, iniciei as vendas para nossos clientes antigos e os testes de tração em eventos empresariais. Vimos que o estudo do BCG/Google realmente havia apresentado um problema bem grande que poderíamos ajudar a resolver, e foi assim que a *HubLocal* começou a nascer.

> *O que os anos a mais me ensinaram é que, sozinho, você não vai a lugar algum.*

Quando iniciei minha trajetória como empreendedor, não consegui ter sucesso. Eu queria inventar algo novo sem ter as pessoas certas do meu lado para começar a desenvolver! Como consequência disso, acabei sendo enganado algumas vezes por profissionais do mercado que não estavam conectados suficientemente com o meu propósito na época.

Hoje, sou especialista há mais de 10 anos em otimização de motores de buscas locais (SEO Local), mas passei muitos anos em um processo constante de aprendizagem, principalmente com os fracassos.

Durante o meu primeiro fracasso, acabei conhecendo o Rodrigo, um desenvolvedor experiente de mercado que estava iniciando a sua vida empreendedora em paralelo, com uma agência de *marketing digital/software house*. Na época em que iniciamos nossa amizade, conseguimos observar que tínhamos habilidades complementares para tirar boas ideias do papel.

Eu com um perfil mais administrativo e de vendas, e o Rodrigo com o perfil técnico. O problema para nós passou a ser encontrar essa ideia. Tivemos que passar anos juntos tentando achar e desenvolver uma boa ideia e até hoje o fazemos.

Agora imagina se eu e o Rodrigo não tivéssemos as habilidades que temos conectadas a fortes compromissos e propósitos? Será que teríamos aguentado tantos anos trabalhando nesse mercado até encontrar o modelo de negócio ideal? Com certeza que não! No primeiro momento difícil, pode ter certeza de que algum de nós teria desistido, o que não aconteceu.

É por isso que acredito tanto na formação do time, principalmente aquele que vai fundar a empresa. São essas pessoas que irão percorrer uma trilha de 5, 10, 20 anos, ou até mais, dependendo da situação.

> *É necessário não somente capacidade, mas também força de vontade de trilhar um caminho que tende a ser bastante longo e esses fundadores é que colocarão seu coração, alma, sangue, suor e lágrimas nesse negócio, e eles precisam ter habilidades complementares para fazer o negócio acontecer.*

ESTAÇÃO 4: ESCOLHER COM QUEM

Por exemplo: se você vai criar uma empresa de tecnologia, precisa de alguém bom em tecnologia no seu negócio, porque senão, como conseguirá desenvolvê-la de forma sustentável? As chances de dar errado são infinitamente maiores. Por isso, quando pensar em criar uma *Startup*, pense bem **com quem** você vai criá-la e não se convença de que sozinho você consegue. Esse é um dos maiores enganos que a maioria dos empreendedores comete quando está começando.

Depois que você adentra no Universo das *Startups*, consegue ter uma visão de muita grandeza. Segundo dados da Associação Brasileira de Startups, essas empresas captam bilhões de dólares em investimentos todos os anos. Para quem está construindo o seu primeiro pequeno negócio, os números podem parecer inconcebíveis – e por isso mesmo muitos empreendedores entram nesse universo sem ter a dimensão real do potencial do seu negócio e do mercado em que está se inserindo.

Esse tem sido o principal erro que vejo na maioria dos empreendedores a quem presto mentoria atualmente. A visão de negócio é muito pequena e por isso, geralmente, o negócio não alcança um estágio considerado correto para uma Startup.

Eu e o Rodrigo sempre tivemos um lema que seguimos: "*sonhe grande, comece pequeno, mas cresça rápido*". Há algum tempo, durante uma entrevista, perguntaram para Jeff Bezos (presidente da *Amazon*) qual era o seu sonho e qual era o seu projeto de vida. Ele respondeu: "*Tenho um sonho de ser astronauta, gostaria de um dia ir para o espaço. É o meu sonho, quero ir para o espaço!*" Isso foi em 2000. Antes de 2010, ele estava iniciando a *Amazon*, começando a fazer sucesso. Quando ele falou sobre ser astronauta e o seu sonho de ir para o espaço, as pessoas riram dele. Afirmaram que isso era um absurdo, era um investimento bilionário e os seus investidores não iriam gostar dessa ideia... A plateia e até o entrevistador riram da cara dele. Bezos então falou: "*Concordo com você, neste momento não é possível, mas tenho esse sonho. Vou trilhar para esse sonho. Vamos construir esse sonho!*"

Realmente ele tinha um sonho grande, enorme. Então, como ele fez? Ele começou pequeno, foi construindo ponto a ponto e, no momento certo, conseguiu realizar o seu sonho. Depois de muitos anos, Jeff Bezos conseguiu ir para o espaço! Juntamente com um grupo de pessoas, tornaram-se os primeiros civis a irem ao espaço.

Essa história é marcante, pois você vê exatamente o que é necessário para vencer os seus medos. Como conseguir fazer grandes realizações? Você tem que sonhar grande! Você tem que pensar longe, fora do seu horizonte.

Costumo dizer que um sonho grande, uma boa meta, é aquele que te faz sentir um embrulho no estômago. Isso significa que você está realmente pensando em algo difícil de se realizar, mas é um grande sonho que você vai precisar planejar, que você vai precisar ter cautela, que você vai precisar começar pequeno, testar aos poucos para alcançar o grande resultado.

Eu e Rodrigo sempre sonhamos juntos projetos de escala no meio digital, que poderiam impactar milhares de negócios em nossa sociedade. Nos víamos atendendo a milhares de empresas e sempre estávamos dispostos a querer mais.

Porém, em tudo que fazíamos, começávamos pequeno, com riscos menores, para podermos errar e ter condições de corrigir rápido. Essa é uma dica que falo para todos. Não tenham medo de errar. Na verdade, dizia George S. Patton, não peça conselhos aos seus medos.

> *Se for iniciar algo, vá, sonhe grande, mas comece pequeno e só cresça rápido quando tiver indícios de que deu certo.*

ESTAÇÃO 5: SONHAR GRANDE

Mas o que significa sonhar grande? Ouvimos constantemente grandes empreendedores falarem "*faça o que você acredita*", "*faça o que você ama*". O problema é, será que o que você acredita vai ter um grande impacto na vida das pessoas? Será que existe um grande mercado disposto a comprar aquilo que você quer vender? Existem formas de identificar isso.

Um dos maiores ensinamentos que aprendi foi no livro *BlitzScalling* do Reid Hoffman, que diz que os investidores gostam de "BIs", ou seja, se você quer se dar bem no mercado de capital de risco ou *venture capital*, você precisa dar uma visão de tamanho de mercado na casa dos bilhões ou seu negócio não será suficientemente atrativo para captar investimento em longo prazo.

Não falo somente do investimento anjo em si, o primeiro investimento, mas ter condições de captar recursos em todos os momentos da jornada na casa dos milhões e milhões de dólares.

É necessário estudar muito bem o potencial do mercado que você quer atingir. Hoje, com o mundo conectado à *internet*, é bem mais fácil conseguir isso. Existem várias ferramentas *online*, gratuitas ou pagas, que você pode utilizar.

ESTAÇÃO 6: CONHECIMENTO SOBRE MERCADO

Lembro que, para ter uma ideia de dimensão do mercado brasileiro que poderíamos atingir, utilizei o Data Sebrae, uma ferramenta bem simples e gratuita onde você consegue listar a quantidade de empresas que existem no país. Através dela, consegui conhecer o tamanho do nosso mercado, já que atuo no mercado B2B (*Business To Business* ou, em português, Negócio para Negócio). Sendo muito criterioso, encontrei algo em torno de 7 milhões de empresas no Brasil para serem captadas – e levando em conta o nosso *ticket* médio, daria um mercado na casa dos mais de oito bilhões anuais. Bingo! Temos uma visão de mercado na casa dos bilhões e colocamos isso no nosso *pitch deck* (apresentação rápida da empresa).

Acontece que, para atingir um mercado bilionário, o investimento é bem alto, e pecamos muito em definir os valores que precisávamos atingir. Não estou falando de ir com muita sede ao pote, querendo logo no primeiro investimento captar milhões de dólares, mas sim em ter um *roadmap* (mapa das metas) de investimento de longo prazo, para permitir à empresa dar todos os passos que sejam necessários.

Quando pensamos em recursos financeiros, dificilmente temos um olhar de longo prazo, principalmente quando estamos no estágio inicial do negócio. Planejamos os nossos recursos na intuição, no *feeling*. O problema disso é que geralmente o nosso *feeling* está errado para um valor menor do que o realmente necessário, então, o ideal é separar um tempo para realizar um planejamento futuro quando pensar em captar investimentos.

Ao pensar num investimento, você deve responder às seguintes perguntas:

· Qual é o mínimo que precisamos agora?

· Quanto tempo esse mínimo nos dará para avançar e chegar à próxima rodada (isso se chama tempo de *runaway*)?

· Quais são as ações que agregarão mais valor em curto prazo que precisamos implantar imediatamente?

Após responder essas perguntas, é preciso criar cenários futuros, imaginando que um negócio que objetiva atingir bilhões em faturamento precisará de altos volumes de investimento.

Muitos empreendedores, quando pensam nesse cenário, começam a sentir medo de se arriscar. Alguns até desistem, ou preferem modelos de negócios menores. Mas perceba que todas as melhores startups do mundo cresceram com um modelo de negócio escalável em mercados extremamente grandes. O que demonstra que, se você quer realmente entrar nessa jornada para ser uma Startup, você precisará sair dos padrões tradicionais.

Geralmente, startups constroem os seus negócios queimando muito, mas muito caixa. A *HubLocal* não foi diferente, queimamos muito dinheiro para chegar no estágio em que estamos hoje e talvez continuemos queimando ainda mais nos próximos anos, pois a visão é que o mercado é tão grande, que precisaremos investir muito para chegar pelo menos perto de onde queremos chegar.

Quando George S. Patton disse "*Não peça conselhos aos seus medos*", ele era um general americano na época da Segunda Guerra Mundial. Eles estavam em uma situação potencialmente difícil e poderiam covardemente desistir antes de lutar porque tinham medo de executar a estratégia! Não pedir conselhos ao medo é exatamente não ficar preso ao medo em si, mas executar tudo aquilo que você precisa. Por isso, sempre lembro e utilizo essa frase.

Mas o que sinto é medo ou cautela? Eis a grande questão! É preciso saber diferenciar muito bem o que é cautela do que é medo. Lembrando que um não é sinônimo do outro.

Cautela significa ser esperto, entender os cuidados que deve ter para chegar em determinado lugar. O medo é o que te trava, te paralisa e impede de ousar, arriscar e crescer.

ESTAÇÃO 7: TROCAR O MEDO PELA CAUTELA

Você pode ter cautela e se planejar, por exemplo. O lançamento de um foguete é um ótimo exemplo disso, o símbolo que melhor representa uma startup. Quando a NASA vai lançar um foguete, ela passa meses e meses, até anos, se preparando para isso. O que é que ela está fazendo? Está sendo cautelosa! A NASA faz simulações, se planeja, vê os pontos que podem dar errado ou dar certo e tenta prever tudo que pode acontecer antes mesmo que aconteça. Isso é cautela. Agora, se tivessem medo de ir para a lua, nunca teriam pisado lá.

O presidente da época, J. F. Kennedy, fez um discurso justamente sobre o medo. Ele decidiu que os EUA iriam levar o homem para a lua, mas enfatizou que o medo poderia fazer com que ficassem exatamente onde estavam. Kennedy ressaltou que muitas pessoas não apoiavam que o governo fizesse o investimento para ir à lua, queriam que o homem mantivesse os seus pés aqui na terra. Porém, a missão foi feita porque os americanos representavam um país construído por pessoas destemidas, pessoas que vão, executam, fazem.

Cautela é planejamento! Medo é: "*não posso fazer porque não dá!*". É bem diferente. Não vejo nenhum momento em que seja bom pedir conselhos para o medo, do contrário, você pode ser prudente. Pode se planejar, por exemplo, para entrar na floresta amazônica. O que é que eu vou fazer? Vou sem mantimentos? Não vou, isso é a preparação necessária. Por outro lado, se não vou porque lá tem onça, cobra, escorpião... Isso é se entregar ao medo. No universo das *startups,* não há espaço para ter medo.

O medo não pode te parar e muito menos te afetar e a tensão do dia a dia não pode ditar o seu humor.

O medo pode afetar qualquer um de qualquer origem, mas existem outros erros que podem ser cometidos especificamente em cada lugar. Entre os erros mais comuns que a gente tem no contexto brasileiro, está ainda um pouco da "síndrome do vira-lata". Às vezes, nós brasileiros não vemos o real potencial que temos ou que poderíamos ter. Os empresários geralmente não têm uma visão tão ampla do Universo, não tem formação. É bem verdade que há uma dificuldade educacional muito grande no nosso país. A formação técnica e superior ainda é muito acadêmica, ela não entra na esfera do *Business*. Eu sou administrador de empresa, saí da graduação de administração sem saber administrar uma empresa! Só aprendi a administrar uma quando fui para a prática. Nesse aspecto, diariamente, a maioria dos empreendedores chegam para nós com uma visão pequena.

Temos hoje uma visão muito mais ampla porque fomos aprender e descobrimos as novas oportunidades que surgiam. Eu e o Rodrigo precisamos aprender, lá atrás, que nem tudo nasce de uma explosão.

Capítulo 2

Todo mundo trafega em um universo

O Mundo, por Rodrigo Coifman:

Alinhar a ideia à demanda de mercado

"Os maiores pensadores do mundo não têm a menor ideia de como o mercado funciona... e é precisamente por isso que ele funciona"

(Tom Peters)

Por definição, demanda de mercado é a quantidade que os consumidores querem e estão dispostos a comprar – ou seja, ela é determinada pelos consumidores.

Quando a demanda é legitima, o mercado começa a clamar por respostas. O surgimento de novos negócios que atenderão a essa demanda é o principal indicador da sua veracidade. Os negócios que atuavam antes começam a falhar e perdem representatividade – não sendo mais como foram no passado. Empresas que dominavam e atendiam a demanda dos seus clientes começam a perder mercado, enquanto aquelas que começam no mercado rapidamente são liquidadas. O contexto muda e cada um desses eventos dá sinais de que algo novo está para acontecer.

Afinal, *como conseguimos identificar uma real demanda de mercado?* Apesar de não saber a resposta completa, penso que há sempre mais aprendizado em ouvir do que falar, como mencionado na "Estação 1". Em qualquer época ou cenário, observar e escutar o consumidor vai sempre te trazer respostas importantes.

ESTAÇÃO 8: CONVERSAR

Conversar com as pessoas que são impactadas em toda a cadeia produtiva. Por exemplo: a sua ideia é desenvolver um aplicativo de transportes? Você deveria se conectar com empresas de logística, motoristas, consumidores e órgãos que regulam o segmento.

Para atender a uma demanda de mercado e solucionar uma dor, todas as áreas e atores, todos os stakeholders envolvidos devem ser analisados e compreendidos na produção de uma solução eficaz.

Uma relação de "ganha-ganha" – na qual todos ficam felizes – é algo que deve ser perseguido para uma startup atingir fôlego e ter alto valor agregado.

Em um aplicativo de transporte, por exemplo, de um lado, o motorista busca uma nova receita financeira, autonomia e flexibilidade na escolha de horários para exercer o ofício. Já os consumidores, além de segurança, prezam pelo conforto, preços acessíveis e múltiplas formas de pagamento. Ao conectar todas essas pontas, é possível equilibrar visões e alinhar expectativas.

ESTAÇÃO 9: VIVENCIAR

Para desenvolver isso e ser capaz de identificar essa demanda de mercado, é preciso não só estudar (Estação 2), e sim vivenciá-lo o máximo possível. Durante anos atuando em mercados de inovação ou tradicionais, ouço histórias que, apesar de possuírem enredos diferentes, trazem dores muito semelhantes.

Quando iniciamos a HubLocal, inseríamos e otimizávamos os cadastros das empresas no Google Maps, plataforma dominante no mercado de mapas. Quando achávamos que tínhamos dominado o assunto, um dos nossos clientes nos ligou e disse:

— Não estou satisfeito com o trabalho de vocês!

— Por quê? O que houve? – respondi.

— Estou no meu *WhatsApp* e quero compartilhar a localização, mas a minha empresa não aparece quando a procuro!

Como agir diante de uma situação dessas?

Poderíamos nos esquivar, dizendo: "*mas prometemos o cadastro da sua empresa no Google Maps, e não no WhatsApp! Coloquei sua empresa lá dentro do Google. Nunca falei em WhatsApp para você*". Essa seria uma saída fácil. Por outro lado, poderíamos enxergar o problema como uma oportunidade e respondermos: "*ok, vou descobrir como posso colocar sua empresa no Google Maps, no WhatsApp e, mesmo sem você pedir, nas principais plataformas de mapas que existirem na internet*". Existe uma dor aqui, mas isso significa que existe também uma solução a ser encontrada.

No nosso caso, o cliente que quisesse aumentar sua presença digital antes de existir a HubLocal, precisava entrar e se cadastrar gratuitamente em cada plataforma de mapa e lista. Isso gerava um trabalho demorado e exaustivo. Nossa solução resolve essa dor, fazendo com que ele só precise preencher alguns dados em nossa plataforma. A partir de então, nos encarregamos de distribuir as informações para todos os mapas e listas do mundo!

Logo, há duas formas de lidar com um problema:

· a primeira é simplesmente se esquivar; e,

· a segunda é ser empático e entender a dor do outro.

Imagine a seguinte situação: uma determinada rede tem mil lojas espalhadas em todo o território nacional e cada loja deseja aparecer nos mapas da internet. Considerando que temos cerca de 30 mapas popularmente conhecidos, serão 30 mil registros que o cliente precisará realizar, repetindo exaustivamente dados como nome, endereço e telefone de cada um destes estabelecimentos.

Depois que o terceiro cliente ligou para reclamar do nosso serviço por causa do *WhatsApp*, era mais do que evidente o que precisava ser feito. Naquela época, foi o *boom* do aplicativo no Brasil. Logo, o pacote padrão que a HubLocal oferecia já incluía o *WhatsApp*, visto que era uma necessidade básica para que o serviço funcionasse. É preciso sair da defensiva e abraçar a oportunidade de expandir o negócio e aprimorar o serviço.

O que mais nos impressionou após a integração destes dados em diversas plataformas de mapas é que todas essas empresas aumentavam seu posicionamento e, por consequência, incrementavam suas vendas em no mínimo 30%. Essas empresas sempre apareciam no topo das páginas de pesquisa, pois tinham várias referências espalhadas por outros sites. A partir disso, foi possível não apenas resolver a dor do cliente, mas dar a ele muito mais resultado, pois a sua empresa seria encontrada em mais canais e as redes a entendiam como relevante na *internet*.

ESTAÇÃO 10: RESPONDER COM EMPATIA

Essa descoberta não foi feita apenas por causa de estudos, pesquisas e vivência. Mas responder com empatia pelo cliente e o esforço em resolver sua dor foi o que impulsionou a exploração necessária até alcançarmos essa descoberta. O resultado que obtivemos só foi possível porque a conexão estabelecida com o problema do cliente era maior do que apenas o desejo de vender um produto que logo poderia virar *comodities*.

> *No final das contas, os profissionais, os fornecedores, os clientes, são todos seres humanos. Pessoas comuns, com necessidades e anseios. Esse lado humano nunca pode ser perdido ou desconsiderado.*

ESTAÇÃO 11: MERCADO ATRAVÉS DA DOR SOCIAL

Ao falar sobre demanda de mercado, logo se pensa em solução, mas é importante primeiro identificar um problema claro que não seja de apenas uma pessoa, mas sim que impacte um grupo representativo de pessoas.

Em seguida, para desenvolver com assertividade, é preciso entender que, antes de vender um produto, será necessário testar e se permitir errar. Antes de querer montar um cubo mágico, o passo número um será entender como esse cubo funciona, para então aprimorá-lo até chegar à sua versão final – algo que de fato seja uma solução e atenda a demanda a qual se propõe.

No contexto brasileiro, existem muitas iniciativas interessantes. Existem diversos *hubs* e espaços de *coworkings* como o Cubo Itaú, por exemplo. O banco Itaú decidiu construir um ambiente voltado para encubar *Startups*. Elas pagam um valor simbólico para ocupar cadeiras lá, e diversas empresas podem lançar desafios e editais de inovação. Essas *Startups* têm acesso a estes problemas e procuram resolver de alguma forma a dor desse cliente. Se trata de um *hub* de inovação onde diversas *Startups* são encubadas e impelidas diariamente na resolução destes problemas.

Assim como essa, existem várias outras comunidades. As pessoas estão montando soluções dentro dos seus segmentos e podem conversar entre si para entender se a aquela dor que sente para crescer a sua *Startup* é a mesma que a do seu colega ao lado. Os desenvolvedores compartilham ideias e trocam experiências para entender se podem fazer negócios juntos ou se adaptam e transformam sua forma de atender um outro cliente. É um verdadeiro mundo de possiblidades a ser explorado.

ESTAÇÃO 12: MERCADO ATRAVÉS DA DOR ESCONDIDA

Há também uma outra maneira, onde a própria empresa, ao invés de trabalhar com pesquisa e desenvolvimento, o antigo P&D[4], decide encubar uma *Startup* ou formar uma equipe que fomentará inovação dentro do seu ambiente corporativo de forma criativa, escalável e inteligente – e, de preferência, barata.

Mas calma aí! O processo inverso também pode acontecer? É possível ter uma ideia e só então tentar descobrir se há demanda para ela? Sim! Existem *Startups* – e essas são as que mais valem no mercado, pois apresentam um modelo muito disruptivo – que necessitam formação de cultura do consumo. A *Uber* é um dos melhores exemplos disso.

Não há como dizer que a necessidade não existia e foi criada como em uma peça publicitária. Essa necessidade era real, mas as pessoas não imaginavam que ela era tão forte. Seus fundadores saíram de um evento em Paris, uma cidade recheada de táxis e transporte público, porém, era muito tarde e eles estavam muito afastados, sem acesso ao metrô. Eles chamaram um táxi e ele simplesmente não veio. Tiveram que ir andando até um restaurante. Lá, pegaram uma caneta e um guardanapo e começaram a planejar a Uber.

A ideia era não depender apenas dos táxis. Eles imaginaram que pessoas precisavam complementar a sua renda e se tornariam donas do seu próprio negócio apenas com um carro, suprindo essa demanda que o táxi não atendia. Foi assim que idealizaram o *app* e suas funcionalidades. Existia uma dor, mas ninguém tinha pensado nessa solução anteriormente. Ninguém tinha feito nada parecido com o que eles fizeram. Havia ali uma demanda de mercado muito escondida, que ninguém além deles foi capaz de enxergar.

4 Sigla para o setor de "Pesquisa & Desenvolvimento"

Podem existir hoje *Startups* que estão nascendo no caminho inverso. Os melhores alunos de Yale, do MIT, de Stanford são apresentados a determinados problemas e tem a tarefa de criar ideias para solucioná-los. Até podem se apropriar de ideias que já existem no mercado, mas para executarem-nas de uma forma melhor.

> *Quanto mais a ideia é disruptiva e diferente ou não está apropriada ainda ao mercado, mais tempo essa ideia precisará para trazer resultado, pois exigirá uma mudança de mentalidade das pessoas.*

No Brasil, por exemplo, assim que a Uber chegou, as pessoas tinham medo de entrar em carros de desconhecidos. A empresa precisou investir muito para trazer essa segurança para o consumidor. Esse processo levou tempo, dinheiro e muitos cupons de viagens grátis.

Na história da HubLocal, estivemos sempre imersos em buscar soluções. A nossa equipe se especializou e se certificou no setor de mapas. Milhares de empresas já tinham sido atendidas. Depois de anos nesse segmento, estudando e ouvindo a base de clientes, o objetivo passou a ser oferecer o serviço de maneira replicável, sendo tecnologicamente uma solução em que a pessoa pudesse servir a si mesma sem intermediários.

Ao longo do tempo, entendemos os principais motivos que fidelizavam os clientes em nossa base. Praticidade na centralização e disseminação de dados em muitos lugares da *internet*, aumento na presença da marca nas pesquisas e geração de *leads*, e o mais significativo, aumento nas vendas.

Nossa plataforma armazenava muitos dados destes consumidores. Era possível saber, por exemplo: de que região da cidade estavam vindo mais clientes, quais as palavras usadas para pesquisar na *internet* e, até chegar ao estabelecimento, qual era o horário de pico dentro da loja, horário que as chamadas telefônicas eram geradas... tudo isso a plataforma da HubLocal era capaz de medir e registrar.

Esse não é necessariamente o modelo que todas as empresas deveriam seguir. Na verdade, não há uma regra padrão. Esse modelo foi o que fez sentido para a HubLocal e foi evoluindo até que pudéssemos trabalhar atendendo a 100, 1000 e, até o momento que este livro é publicado, quase 10 mil empresas, presentes em todos os estados do Brasil e mais de cinco países do mundo.

Um modelo ideal a ser seguido é ter a consciência de que não adianta montar uma solução sem entender muito bem se ela vai servir para um, para dez, para cem, ou para milhares ou milhões de pessoas.

ESTAÇÃO 13: ALINHAMENTO

A partir disso, tenha a certeza de que esse projeto vai sofrer mudanças diárias. Quanto mais se está disponível para alterar a solução inicial, mais velocidade é alcançada no processo. Se você investir dois anos desenvolvendo um negócio para depois descobrir que não dá certo, será que todo o seu trabalho fez sentido? Portanto, é importante verificar se a relação entre problema, ideia, solução e demanda de mercado está devidamente alinhada.

Depois de ter tudo alinhado, as mudanças de tecnologias de mercado, de concorrente, de fornecedor e demais fatores externos são muito importantes e podem afetar bastante o negócio. Se não estiver atento para entender essas mudanças de forma rápida, provavelmente a sua plataforma pode deixar de funcionar.

Nesse mundo, tudo é muito rápido e dinâmico. A ideia é inspiração, mas se ela não chegar em um nível alto de velocidade, escala e dinâmica, o negócio pode fazer sentido durante algum tempo, mas não vai ter vida longa ou poder de se adaptar.

Um bom exemplo de mudanças rápidas e dinâmicas… nenhuma mudança externa jamais teve tanto impacto quanto a pandemia do Coronavírus, em 2020. A HubLocal tinha cerca de uns 300 assinantes antes da pandemia começar e, no dia que foi decretado o *lockdown* no Brasil, ficamos bastante preocupados com a sobrevivência do nosso negócio.

Nossa missão principal era levar os clientes para o ponto de venda e, naquele momento, as pessoas não podiam sair de casa e a maioria dos estabelecimentos estavam fechados. Com o passar dos dias, os clientes começaram a nos ligar pedindo cancelamento contratual e a postura que adotamos naquele momento foi a de conversar com cada um e isentá-lo durante aquele período de qualquer cobrança, mesmo que isso ainda gerassem custos adicionais para a nossa operação.

Não era possível saber quanto tempo o *lockdown* duraria. Enquanto isso, novas dores surgiam nessa nova realidade. O serviço oferecido pela HubLocal em sua plataforma, além da localização, ainda tinha o canal telefônico e o *site* para atrair pessoas. Essas áreas também geravam resultados e existiam dados de inteligência para entender quais eram as regiões da cidade que poderiam ser alcançadas. As pessoas poderiam continuar buscando, mesmo sem poder ir até o local.

Durante esse período, os contratos foram diminuídos e entendi que, mesmo perdendo receita, haveria um grande processo de transformação digital que os empresários brasileiros negligenciaram por anos. As vendas através dos canais digitais nunca haviam ocupado o lugar de protagonismo em muitas empresas. A entrega por meio de *delivery* sempre era a opção mais cara, onde as margens eram mais apertadas. O empresário do varejo não era tão orientado a dados e baseava sua percepção apenas no dia a dia.

Começamos a investir muito mais nessas lacunas e houve um aumento enorme de pesquisas na *internet neste período*. Os consumidores estavam o dia inteiro dentro de casa com acesso ao celular e computador, seja trabalhando de forma remota ou apenas navegando nas redes sociais, nos *streamings*, acessando muito conteúdo para conseguir lidar com esse momento tão incerto e inseguro. Então, após alguns dias, percebemos que os clientes que se mantiveram em nossa base apresentaram um aumento gradual em suas vendas.

Ao invés de direcionar para o tráfego da loja, passamos a direcionar para as redes sociais, mensageiros e telefone. Elaboramos uma cartilha de boas práticas para essas empresas, apresentando a melhor forma de atrair e reter seus clientes através da nossa solução.

Movimentos como implantar *delivery*, associar-se a *marketplaces*, monitorar e responder todas as interações em redes sociais e mensageiros, desenvolver o *e-commerce* ou, pelo menos, ter um bom site ou perfil em rede social (que funciona como vitrine dos seus produtos). A ideia era se tornar um parceiro para trazer essa tecnologia e vender mais.

A solução impactava não apenas na tomada de decisão do gestor, mas também na atração de clientes para esses estabelecimentos.

A velocidade, o resultado e a direção precisam caminhar juntos para fazer sentido para quem vai pagar a conta, que é o cliente. E isso passa não só pela possibilidade de ganhos.Às vezes, é preciso entender que é importante perder agora para ganhar mais à frente.

Nesse momento, para atrair novos clientes, oferecíamos testes gratuitos de 30 dias e retiramos tempo mínimo de contrato ou cobranças por cancelamento. Sabíamos que o nosso modelo não possuía muitas referências no Brasil e precisaríamos mostrar que tínhamos o "*skin the game*", a pele no jogo. Todo esse processo custou mais do que dinheiro. Foram horas de trabalho, pesquisa e desenvolvimento. Toda essa experiência oferecida ao cliente foi que trouxe o contrato mais valioso da HubLocal até hoje.

Dar resultado para quem precisa desse resultado, corrigir rápido e ser ágil. Essas são dicas valiosas para a nova indústria 4.0. Fazer rápido, mais barato, de uma maneira diferente, resolvendo a dor que foi traçada e se permitindo testar, dar de graça muitas vezes para poder analisar.

Esses *insights* são o que vão construir uma relação não só de cliente e fornecedor, mas também de parceria com empatia e colaboração. O cliente começa a abrir os seus números quando enxerga um parceiro que deseja ajudar a crescer.

Vender mais e resolver os problemas do seu cliente sempre serão a verdadeira demanda de mercado. É com essa ideia que você pode se tornar um promotor de negócios dentro da área para quem se presta o serviço.

HubLocal

Ao escrever este capítulo lembrei que o maior contrato até hoje da HubLocal veio na época do *lockdown*! O mais impressionante é que esse cliente atuava em um mercado que mais faturava durante a pandemia.

Entretanto, antes de ir até ao estabelecimento, as pessoas queriam saber se ele tinha o produto que estavam procurando, quanto custava e se a loja era próxima a sua residência. Munidos destas informações, decidimos desenvolver um projeto piloto sem custos ao cliente. Esperamos algumas semanas e decidimos comparar com o período anterior ao que começamos. Tivemos um aumento em nossos indicadores de resultados em mais de 100%.

Se colocar no lugar do outro, ser empático, se permitir ao erro e se dispor a ser parceiro. Foi com esses valores que fizemos a proposta inicial gratuita de 20 lojas saltar para um contrato rentável de 100 lojas e que, hoje, já representa mais de 1000 lojas.

O que só prova que estávamos alinhados à demanda do mercado e apostamos nisso com a prova gratuita que oferecemos para encantar o cliente! Afinal de contas, todo mundo trafega num universo – e o mundo dos negócios trafega no universo da demanda de mercado.

O Universo, por Felipe Caezar:
Estratégia e Sociedade de mãos dadas

"Quem caminha sozinho pode chegar até mais rápido,
mas aquele que vai acompanhado com certeza vai mais longe"

(Clarice Lispector)

Ao iniciar minha trajetória, queria inventar algo novo sem ter as pessoas certas do meu lado para começar a desenvolver a estratégia certa. Em qualquer ramo que você entrar vai precisar de profissionais complementares à sua expertise, porque senão, como conseguirá desenvolver sua empresa de forma sustentável? As chances de dar errado são infinitamente maiores!

Por isso, quando pensar em criar uma *startup*, pense bem com quem você vai fazê-lo (Estação 4). Não se coloque em uma posição solitária, acreditando que conseguirá resolver tudo sem nenhuma ajuda de um parceiro, sócio e dos clientes. Esse é um dos grandes enganos que a maioria dos empreendedores comete quando está começando. Fazendo um paralelo com o pensamento de Clarice Lispector, "*Quem pensa a estratégia sozinho pode chegar até mais rápido, mas aquele que pensa a estratégia acompanhado com certeza vai mais longe.*"

Quando iniciei na vida empreendedora, o fiz assim, praticamente sozinho. Fui elaborando as minhas ideias, a minha concepção de inovação e empreendendo.

Naquela época, não tinha nenhuma formação na área de tecnologia intensiva, era apenas um administrador de empresa totalmente da área de humanas. Entretanto, já sabia que era nessa área que eu queria atuar.

Qual era a minha concepção, até então? Que bastava ter um plano de negócio formatado, contratar um prestador de serviço, modelar um negócio e escolher as pessoas certas como colaboradores.

Foi dessa forma que comecei no mercado e meu primeiro investimento foi meu próprio trabalho. Eu tinha um emprego paralelo e, toda a receita que recebia, já colocava no negócio. Meu salário era 100% investido na empresa! Contratei dois *freelancers* de desenvolvimento para construir a "solução" que imaginei o mercado precisar.

Durante essa fase, tive os primeiros grandes aprendizados sobre aquele universo. Enquanto pagava os desenvolvedores, passaram-se dois anos até conseguirem tirar a ideia do papel. Dois anos! Perdi muito tempo, pois fiquei aguardando a tecnologia.

> *A maioria dos empreendedores aguarda todo o projeto ficar pronto para só então começar a vender o produto. Isso foi exatamente o que fiz. Ao aguardar a tecnologia, gastei muito dinheiro e cheguei a me endividar, mas continuei empreendendo e tentando desenvolver uma ideia que acreditava ser disruptiva e potencialmente um grande diferencial no mercado.*

Após esses dois anos, compreendi que os desenvolvedores não conseguiriam entregar a solução desejada. Mesmo assim, eu tinha que continuar. Não podia parar ali e desistir. Mesmo depois dessa experiência, decidi continuar desenvolvendo, pois agora tinha em mãos uma tecnologia e um negócio que não podia deixar para trás. A única saída era seguir por esse caminho.

Continuei investindo dinheiro até encontrar o Rodrigo, que mais tarde se tornou meu sócio. Ele assumiu o projeto que outras pessoas não conseguiram entregar e continuou o desenvolvimento. Rodrigo finalizou e entregou o *software* ainda no mesmo ano, após eu ter esperado todo aquele tempo pelos *freelancers*.

Depois de finalizar os anos exaustivos de desenvolvimento e investimento, tive a "brilhante" ideia de ir ao mercado perguntar ao meu cliente se ele gostaria de adquirir minha solução. Ou seja, apenas depois de gastar todo esse dinheiro, ficar endividado e perder tempo foi que me atentei em ir ao mercado para identificar se existia demanda para o meu produto – que a esta altura, já estava desenvolvido.

Nesse momento, tive a minha grande surpresa, ou, na verdade, a grande decepção. O meu projeto era super revolucionário para a época. Uma novidade bastante disruptiva. Porém, ele era tudo isso apenas na minha cabeça! Percebi que era um jovem que tinha me apaixonado pela minha própria ideia – eu era um garotinho apaixonado.

Fiquei cego pelo meu negócio. Não perguntei para o meu potencial cliente o que ele achava da ideia e do projeto. Fiz tudo, menos o principal, que era perguntar se o cliente compraria aquela ideia.

Quando fui para o mercado com o produto pronto, comecei a bater na porta de alguns clientes. Eles enxergavam um potencial, mas não queriam pagar pelo produto. Primeiro, queriam testar durante um tempo, sem custos, para só então investir financeiramente. Isso me sufocava naquela época, pois não tinha o capital de giro necessário, visto que vivia praticamente do meu salário. Não tinha investidor e nem a possibilidade de empréstimo do banco, porque ainda estava endividado. Eu precisava faturar! Esse foi um momento desesperador na minha carreira.

Aquele negócio era o meu sonho, mas não encontrava meios de realizá-lo. Sem faturar, estava à beira da falência. Encerrar o meu empreendimento e começar tudo de novo significava o fim do meu sonho.

Além de não perguntar ao público sobre minha ideia, hoje vejo que outro grande erro que cometi nessa história foi ter iniciado o negócio praticamente sozinho.

Aprofundando a Estação 4, tive a ideia do projeto e a colaboração de meu irmão, mas ele não era a pessoa certa para estar comigo naquele empreendimento. Ele ainda não tinha o conhecimento técnico necessário e foi aprendendo junto. Eu também não possuía muita experiência prática e ainda menos teórica.

Para compensar essa falta de conhecimento, porém, eu tinha muita garra. Sempre fui um lutador para entrar no mercado. A vontade de ser um empreendedor de sucesso me fazia analisar aqueles que já estavam no mercado e todos eles tinham essa mesma essa gana. Porém, aprendi durante essa jornada que sozinho não há possibilidade de sucesso.

> *É de extrema importância conseguir formar um time complementar no início do projeto! Ainda que seja um time de duas pessoas, mas que se complementem com domínio de diferentes áreas de conhecimento e sejam unidos pela mesma visão.*

Os grandes negócios possuem um padrão: sempre existem duas ou mais pessoas envolvidas em sua concepção e elas têm habilidades complementares. Dificilmente pertencem à mesma área ou desenvolvem funções similares. Por exemplo, quando o Facebook foi criado, Mark Zuckerberg – que é um gênio da tecnologia – se juntou a Eduardo Saverin – que é um gênio de negócios. Da mesma forma, o Steve Jobs se juntou ao Steve Wozniak para criar a Apple. Eles uniram seus conhecimentos em negócios e tecnologia, respectivamente. Praticamente todos os casos de sucesso de *startups*, empresas ou microempresas que se tornaram grandes empresas no futuro, estão recheados de pessoas que iniciaram jornadas com parceiros complementares. O grande aprendizado aqui é entender que um bom sócio com capacidades complementares para o negócio pode fazer uma grande diferença.

De fato, o meu negócio começou a dar certo mesmo quando conheci o Rodrigo. Ele era o especialista em tecnologia de que eu precisava. Agora, poderia me dedicar mais à parte comercial, que era o que gostava de verdade. Pude finalmente me tornar o homem do *business*, porque o Rodrigo era o gênio da tecnologia. Não existe lobo solitário no mercado! Digo que **a grande estratégia para alcançar o sucesso** foi finalmente entender e mudar esse comportamento na minha trajetória.

No cenário internacional, essa estratégia de sociedade e parceria já foi compreendida e é comumente praticada. Por outro lado, no contexto brasileiro ainda existem muitos empresários "Rambos". Aprendi esse termo em alguns cursos que participei e ele existe porque, no Brasil, temos várias empresas de Rambos. Assim como o personagem dos filmes de Sylvester Stallone, o empreendedor brasileiro quer colocar uma faca entre os dentes, vestir uma faixa vermelha na cabeça, segurar uma metralhadora e encarar sozinho o mercado. Ele acredita que pode enfrentar e superar todos os desafios que virão sozinho. Enquanto isso, é seguro afirmar que raros são os casos de *Startups* de sucesso de pessoas que começaram 100% sozinhas e estão até hoje tendo sucesso absoluto e incrível no mercado.

ESTAÇÃO 14: DEFINIR A SOCIEDADE IDEAL

Costumo dizer que, para encontrar a pessoa ideal para firmar uma sociedade, é preciso um encontro de almas! Existem eventos próprios para se conseguir sócios como, por exemplo, o chamado *Startup Weekend*. Este é um evento mundial que passa pelas principais capitais do Brasil. Consiste em um encontro onde se desenvolve um problema e pode-se conhecer outras pessoas presentes que acreditem na mesma dor. Uma das maiores *startups* do nosso estado teve seu início no *Startup Weekend*.

Após firmar a parceria, é possível você descobrir que aquela era a pessoa errada. E agora? O que fazer? Infelizmente, dificilmente esse negócio dará certo. Ter a mesma visão é vital para o sucesso da sociedade. Se há conflitos e visões opostas, simplesmente não há como continuar. O melhor a se fazer é separar e tentar novamente.

Quando encontrei o Rodrigo, a nossa visão de mercado era muito similar. Sempre pensamos em um negócio de escala, tanto ele quanto eu sonhamos em fazer um produto digital. Tínhamos este sonho em comum.

Além dos objetivos, os valores dos sócios também devem caminhar juntos. Por exemplo: como lidar com as pessoas e qual a melhor maneira de formatar a empresa? Detalhes como estes devem ser acertados logo no início! Vale destacar que, se os sócios se dão bem, mas são muito parecidos e pensam de um jeito igual, talvez a melhor opção seja a ruptura. Sempre fui do estilo sonhador e Rodrigo, o mais "pé no chão". Essa diferença entre nós foi essencial para o crescimento da empresa.

Com o tempo, a estratégia do nosso negócio foi mudando. Fomos aprendendo com as mudanças que aconteceram de acordo com o movimento do mercado. O insucesso que tive anteriormente me ensinou bastante. Estrategicamente, uma *startup* passa por quatro ideação: ideação, validação, tração e escala.

> *Nos meus projetos anteriores, fiquei só na ideação e não o validei. A paixão que se tem por um determinado negócio não pode atrapalhar esse percurso. Não queime etapas! Cada uma delas é importante e diminui consideravelmente suas chances de errar.*

A fase de ideação foi o momento em que fiquei travado durante aqueles dois anos. Tinha uma ideia, mas passei muito tempo sem validá-la, pois não entendia que esse passo era de suma importância antes de começar. Foi um grande erro estratégico!

Na verdade, no início tudo foi muito empírico. O empreendedor brasileiro tem esse *modus operandi*. Ele apenas pensa: "*eu tenho um produto bom! Vou abrir uma lojinha e colocar para vender!*". Esse é o *feeling* do empreendedor convencional. Ele monta uma loja em qualquer lugar, abre a porta e espera os clientes entrarem. Eu fiz exatamente esse caminho. Sem nenhuma estratégia e sem entender o mercado.

Ter um bom sócio e, **estrategicamente validar a sua ideia** sem perder tempo são o início do caminho de sucesso que tenho ensinado para empreendedores que hoje são mentorados por mim. Não esperem por programador. Antes de desenvolver o produto, é preciso ir ao mercado e verificar a demanda daquele negócio. Essa é a chave!

Quando *pivotamos* o negócio para a HubLocal, depois de mais seis anos empreendendo de forma não sustentável, fizemos tudo diferente. Eu e Rodrigo mudamos o paradigma.

Foi essa mudança de estratégia que revolucionou o negócio. Não focávamos apenas na tecnologia, mas na solução, no modelo de negócio e no resultado que o cliente esperava – esse era nosso objetivo o tempo inteiro.

Tendo em vista a validação, a HubLocal só desenvolveu a sua plataforma depois do milésimo cliente, pois queríamos ter dados suficientes. Para isso, era necessário rodar no modo manual, no modo fabril, para entender muito bem qual processo deveria ser automatizado primeiro.

Até o milésimo cliente, era uma produção aos moldes de Henry Ford. Uma pessoa ficava ativando, outra nutrindo, outra respondendo às avaliações, outra gerando relatórios. Era um modelo de esteira de trabalho. Aquele processo já ajudava, porque o trabalho não ficava mais nas minhas costas e nas do Rodrigo. Com o faturamento dos nossos clientes conseguíamos contratar estagiários e os treinávamos.

Todo esse processo foi sistematizado de maneira a permitir que um operador pudesse atender 500 locais. Já tínhamos uma escala mesmo sem muita tecnologia, pois ainda não havia a plataforma! Essa seria uma outra etapa que viria a acontecer.

CAPTOU?!

Depoimento de Strauss Nasar

"Meu nome é Strauss Nassar, sou advogado especialista em direito digital e direito das startups. Iniciei minha vida no mundo da inovação ainda na faculdade e observei que havia uma lacuna neste segmento aqui no Ceará. Não existiam aceleradoras com muitas iniciativas estruturadas. Logo, fundei a **Cordel Ventures**, *junto ao meu sócio Marcus Vinícius Saraiva e tive a sorte de, já no início, encontrar a* **HubLocal**. *Ela foi a primeira startup acelerada pela minha empresa. Hoje, temos mais de 25 startups no portfólio e nos solidificamos no mercado nordestino.*

O primeiro contato com o Felipe foi por acaso, mas também uma oportunidade para a qual eu estava preparado. Nós nos encontramos em um evento de conexão entre membros de uma associação em que apresentei meu escritório de advocacia e a Cordel Ventures. Logo em seguida, Felipe apresentou a HubLocal. Ao final da apresentação dele, ambos já percebemos que havia ali uma possibilidade de interação e ajuda mútua.

Nós conversamos, trocamos contatos e marcamos uma série de reuniões. Após um almoço em que trocamos muitas ideias e experiências, decidimos trabalhar em conjunto e dar início à aceleração da HubLocal e, na sequência, à sua assessoria jurídica.

Felipe e Rodrigo tinham uma visão de consultoria para um negócio voltado ao mercado tradicional e, juntos, desenvolvemos a visão de escala. Preparamos o negócio para transformar-se em uma máquina de escala, entendendo as reais necessidades e desenhando um road map *para desenvolver essa tecnologia.*

A Cordel Ventures intermediou e auxiliou na captação de recursos para que chegassem nesse momento, de ter uma tecnologia embarcada e desenvolvendo a plataforma para que pudessem enfim atender um grande público, gerando grande volume. Quando eles buscavam essa captação lá no início, não tinham a preparação e nem a configuração de startup. Era preciso entender a identidade e a cultura daquele universo. Organizar a HubLocal enquanto modelo de negócio foi o grande marco da nossa parceria.

Felipe e Rodrigo são pessoas "fora da curva", com um poder de entrega acima da média. Não apenas capazes de atingir metas, mas também de planejar e organizar. Eles se complementam. Rodrigo é bastante técnico e domina a operação, enquanto Felipe tem a visão comercial que o permite enxergar mais além. A Cordel Ventures teve papel importante, mas foram pequenos ajustes na estrutura, na estratégia e no discurso para que a HubLocal explorasse todo seu potencial.

Sou muito grato por ter encontrado duas pessoas com tamanho profissionalismo e "sangue no olho" para trabalhar e fazer o projeto acontecer. Felipe e Rodrigo foram dois grandes validadores da nossa metodologia. Inclusive, a Cordel Ventures construiu a sua metodologia a partir do que foi desenvolvido para a HubLocal. Eles chancelam o nome da minha empresa por onde passam. Para mim, é um grande troféu participar da história deles. Fomos essenciais para a jornada dos dois e eles foram essenciais para a nossa construção."

Strauss Nasar

MAPA DAS ESTAÇÕES
1
2
3
4
5
6
7
8
9
10
11
12
13
14
ESTAÇÃO 1: Escutar
ESTAÇÃO 2: Pesquisar e Aprender
ESTAÇÃO 3: Planejar
ESTAÇÃO 4: Escolher com quem
ESTAÇÃO 5: Sonhar grande
ESTAÇÃO 6: Conhecimento sobre mercado
ESTAÇÃO 7: Trocar o medo pela cautela
ESTAÇÃO 8: Conversar
ESTAÇÃO 9: Vivenciar
ESTAÇÃO 10: Responder com empatia
ESTAÇÃO 11: Mercado através da dor social
ESTAÇÃO 12: Mercado através da dor escondida
ESTAÇÃO 13: Alinhamento
ESTAÇÃO 14: Definir a sociedade ideal

ENTRE O VISÍVEL E O OCULTO

Capítulo 3

De fora para dentro é que nasce a startup

Visível, por Rodrigo Coifman:

Como validar a ideia - Mínimo Produto Viável

"Existe um empreendedor, neste momento, assustado e criando desculpas como 'ainda não é momento certo'. O tempo certo não existe"

(Kevin Plank)

O mínimo produto viável originado do inglês MVP (*Minimum Viable Product*), é a versão mais simples de um produto que pode ser lançada com o menor esforço possível. Esse termo foi definido a primeira vez em 2001 por Frank Robinson, famoso empreendedor e escritor, e foi popularmente difundido por Eric Ries na metodologia *Lean Canvas*.

O mínimo produto viável é muito utilizado no ecossistema de *Startups* porque é um dos conceitos mais importantes da nova economia. No passado, na antiga economia, para desenvolver seus produtos, as empresas criavam um extenso planejamento e desenvolviam inicialmente um protótipo da ideia. Só depois de tudo pronto, apresentavam para o cliente final que consumiria aquele produto. Porém, durante o intervalo entre planejar e conseguir entregar, muitas informações valiosas se perdiam no meio do caminho. Aquilo que foi criado dentro do escritório não tem aderência quando chega ao mercado, pois o cliente não participou da construção desse produto. Esse é o primeiro problema que muitas empresas enfrentam antes do seu lançamento.

O segundo problema está no mundo atual, que é muito mais competitivo. A *internet* acelerou muito o acesso ao conhecimento. Existem incontáveis pessoas pensando dentro e fora das universidades e desenvolvendo produtos similares em outros países. A globalização fez a informação circular mais rápido. Logo, o planejamento muito extenso atrasa o produto e o impede de ser testado. Nesse meio tempo, é muito provável que surja um concorrente que execute sua ideia mais rápido e melhor.

Em minhas mentorias para startups, sempre digo: escute mais o cliente (Estação 1), traga-o para perto (Estação 8), construa o seu produto próximo a ele, centrado na sua necessidade (Estação 11 e 12). Procure entender, dentro do seu produto, qual parte agrega maior valor para ele.

ESTAÇÃO 15: MVP

No modelo MVP, o primeiro foco do desenvolvimento do produto não é seguir o planejamento inicial, e sim concentrar esforços para desenvolver aquilo que é mais importante para o usuário. Isso evita um período de execução muito longo, que explore exaustivamente todas as fases do projeto.

> *Deve-se focar naquilo que tem mais relevância e importância. Aquele bloco de entrega percebido com o maior valor pelo cliente, isso é o que chamamos de Mínimo Produto Viável!*

Geralmente, uma *startup* começa com poucos recursos, logo, qual é a vantagem de desenvolver um MVP? A resposta é simples! Trabalhando com uma equipe reduzida e focada, conseguimos sair da ideação para validação de maneira eficiente e veloz. Para isso, é muito importante entender que o MVP deve ser desenvolvido com base naquilo que o cliente considera mais importante e de forma que venha a transformar o seu negócio e auxiliá-lo a resolver a sua dor com a maior concentração de ganhos.

Quando iniciamos o desenvolvimento da plataforma da HubLocal, decidimos começar desenvolvendo **a área de relatórios**, que normalmente costuma ser a última parte da entrega de um produto digital. Entretanto, o mais importante para o cliente era conseguir ter acesso àqueles dados para tomar decisões em seu negócio. Além disso, através dos relatórios conseguíamos provar que estávamos impactando e gerando resultados para os nossos clientes e assim, conseguíamos fidelizar o nosso assinante.

O Mínimo Produto Viável tem a capacidade de concentrar em um bloco de entrega um valor agregado alto para que se possa acertar a direção do negócio mais rápido. Ao se dispersar em diversas atividades, provavelmente muitas informações serão perdidas e há uma grande probabilidade de a principal funcionalidade não ser bem executada. Quando há pouco recurso, não há espaço para errar muito. Se o investidor não enxergar valor no produto, a *Startup* pode ficar fora do jogo.

Mínimo Produto Viável, viabilidade... O que eles têm em comum além da nomenclatura? Uma *Startup* que não desenvolve o seu MVP trabalha mais e gasta muito dinheiro ao longo da sua criação. Em seguida, testa o seu produto na pior fase, quando já investiu muito capital e está com seus recursos quase no fim. A melhor opção é começar **a escutar o cliente** e entender o que é mais importante para trabalhar com o mínimo de entrega possível. Dessa maneira, é possível gastar menos energia, tempo, recursos e ainda atender a necessidade do cliente, fazendo com que ele entenda que outras funções além da principal serão entregues dentro do escopo de priorização.

Para desenvolver o MVP, **conversar e testar com os clientes** é a chave do sucesso. Ao invés de dividir sua equipe para entregar o todo, una forças e comece naquilo que é mais importante! Essa é a forma mais enxuta de concentrar esforços naquilo que tem mais valor.

A aprovação do consumidor final que vai usufruir do produto é o grande objetivo do MVP.

O idealizador pode achar que a função "A" é a melhor do que a "B". Mas os clientes podem definir a função "B" como mais importante. Sendo assim, o desenvolvimento da função "B" passa a ser prioridade, porque já se sabe que ela terá muito mais aderência. Por meio de uma simples pesquisa de mercado, é possível desenvolver um produto assertivo que atrairá mais clientes para você.

O Mínimo Produto Viável é responsável por amenizar riscos para aquela startup que está começando sem recursos e sem investidores, tentando errar pouco porque cada erro custa muito dinheiro e ainda não há ninguém para financiar as suas tentativas. Nessa hora, a resiliência do empreendedor é colocada à prova.

O MVP também permite criar proximidade entre o empreendedor que está sozinho no quarto criando as ideias e o cliente, que pagará pelo produto que surgirá dessas ideias. Esse convívio e troca de informações só enriquece o processo de desenvolvimento, pois uma *Startup* só é validada quando o negócio realmente é bom e há intenção de compra. Uma boa inovação só se comprova com a nota fiscal emitida no final do mês. Se o consumidor aprecia a ideia, mas não quer comprar, não existe um produto!

Talvez agora você esteja pensando "*quero fazer um MVP da minha Startup. Por onde começar?*". Para você escolher o mínimo, é necessário conhecer o máximo. A HubLocal tem uma função que monitora avaliações dos clientes na *internet* para saber como está sua reputação digital. Uma outra função gerencia postagens de conteúdo em várias plataformas e múltiplos locais com um só clique. Por último, há uma terceira função, que é gerar dados das pessoas que frequentam os estabelecimentos dos clientes, quantas ligações recebem, as rotas de origem até esses locais etc.

No início do projeto, apresentei para o meu público essas três funções que desejava desenvolver. Todos eles gostaram muito dos dados de *insight*, por exemplo. Conversar com a equipe interna ajuda a criar esses caminhos e funções que o produto deve ter, mas a conversa com os seus possíveis clientes é o que direciona seus parâmetros para a validação de um MVP.

Durante o desenvolvimento, todas as funções podem ter o mesmo peso, porém os clientes dirão qual é a mais importante. Esse aspecto apontado como essencial será a base do Mínimo Produto Viável.

Como esse processo funcionou na HubLocal? Voltamos do Vale do Silício com mil ideias, porém sem nenhum produto desenvolvido. Me recordo que criamos uma apresentação e fomos conversar com os clientes com quem tínhamos relacionamentos anteriores e que estavam atuantes em nosso mercado. Fizemos um *pitch* de venda e desenvolvemos as três funções: avaliação de reputação, gerenciamento de postagem e os relatórios que trazem os dados dos clientes das lojas.

Depois de várias apresentações, entendemos que o mais importante para nossos clientes era conhecer o seu público. A partir das funções do nosso produto, o nosso MVP era aquela função mínima necessária para resolver a dor do cliente.

Vamos imaginar um produto como, por exemplo, a Netflix. O seu Mínimo Produto Viável é mostrar quais são os filmes e séries que o cliente pode assistir por meio da plataforma. Essa é a sua função básica para ser executada. De uma maneira simplificada, o cliente precisa chegar a uma área de acesso, uma que liste os filmes e outra que reproduza o filme ou série que deseja assistir.

O MVP, então, será a oferta dessa imensa lista de opções e um botão que permita dar início e assistir ao conteúdo. As demais funções como: acelerar o vídeo, dar um "joinha" e deixar um comentário, enviar uma sugestão, compartilhar com um amigo etc., são todas incríveis! Entretanto, nada disso faz parte do Mínimo Produto Viável. O MVP é o básico para utilizar a plataforma e assistir ao filme.

Outro exemplo de MVP muito interessante é a busca do Google. É uma ferramenta bastante simples e que quase não mudou desde o lançamento até hoje. Nada mais é que uma página branca com um campo de busca e um botão. Ali foi onde tudo começou e em seguida surgiram o Gmail, Google Maps, Google Drive e dezenas de outras opções. Porém, é no básico e no mais importante que o público enxerga o valor dessa solução.

Se a equipe toda focar no desenvolvimento do Mínimo Produto Viável e entregar a melhor experiência que aquele produto pode oferecer, os testes para os clientes serão ricos em *feedbacks*. Todas essas novas ideias servirão para fortalecer a sua melhoria de produto. A partir do mínimo, ele evoluirá e entrará no desenvolvimento de outras funções, interligando as demais capacidades que aquele produto já tem para que se torne mais competitivo e mais escalável.

Sabe aquele empreendedor sonhador? Ele fica no quarto, sonhando em construir um império, mas só se dá por satisfeito se estiver com tudo pronto para ir ao mercado. Todavia, depois de desenvolver toda a sua tecnologia, no final, o mercado não tem uma aderência ao seu produto. Se ele tivesse construído um bom MVP, teria poupado muito dinheiro e tempo.

> *Antes de começar a monetizar, deve-se entender o que o cliente estaria disposto a pagar pelo produto.*

O mundo mudou! Agora, é o consumidor quem dita o ritmo e qual a direção do mercado. Ele é impactado por muitas ofertas a todo momento. Se o seu serviço ou produto não conectar com as dores dele, logo ele encontrará uma outra opção. Toda a experiência deve ser ágil e focada na resposta imediata a problemas.

Qual o grande erro de algumas *startups*? Pensar em tecnologia como resolução de todos os problemas. Tecnologia é apenas o meio! Para vender uma máquina de café, o MVP seria entregar uma máquina com a função de juntar o grão e água quente e o açúcar. A partir disso, já é possível ter uma ideia do investimento que será necessário após concluída a fase de protótipo.

Entretanto, não adianta fazer todo esse cálculo de investimento se não houver ninguém pedindo café. Se não existir público para utilizar a máquina ou demanda para comprar café, não há razão nem para realizar o projeto. Nenhuma tecnologia que essa máquina possa ter será capaz de resolver o desinteresse por café. Uma simples pesquisa de mercado já entrega essa resposta.

Equilíbrio é importante para não esperar tudo que o se sonha antes do desenvolvimento. A máxima e um dos nossos valores é o *"feito é sempre melhor que perfeito"*. Além de perda de foco e dinheiro, o cliente pode mudar toda a direção do projeto para um novo cenário que o empreendedor ainda não tinha percebido. A "cereja do bolo" pode estar nas ideias do seu cliente, e não nas suas.

> *É preciso ter muito "feeling" para identificar o que várias pessoas diriam como mais relevante. Porque se tudo é importante, nada é importante!*

Isso não significa dizer que o produto possa ser entregue de qualquer maneira. Faça o seu melhor, mas faça o seu melhor no menor tempo possível. Seu produto sairá na frente e terá tempo de se validar mais rápido. Por último, tenha certeza de que, por melhor que seja sua ideia, seu cliente sempre vai lembrar de alguma coisa que você esqueceu. Pesquisas da área de inovação comprovam que em Israel, país referência em inovação, seis meses é o tempo entre a concepção e o lançamento de um produto.

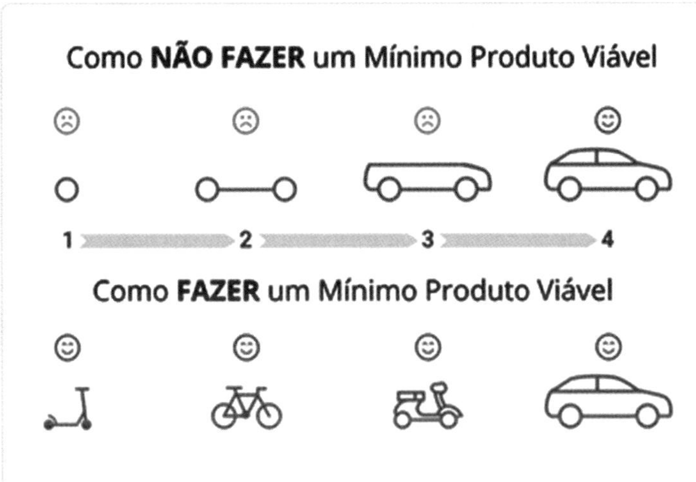

A HubLocal nasceu a partir da dor dos nossos clientes de consultoria digital. Eles comentavam que, ao pesquisar suas empresas no *iPhone* ou no *WhatsApp*, não as encontravam facilmente, perdendo oportunidades de vendas diariamente.

Sabendo disso, tivemos acesso a um estudo do BCG (Boston Consult Group) de 2018, que apontava que 98% das empresas não são encontradas corretamente nos mapas e listas da internet. Logo, desenvolvemos um processo totalmente fabril: uma linha de produção na qual um estagiário fazia criação dos locais dos mapas, outro mandava as postagens e um terceiro ficava responsável por medir a reputação da empresa a partir de avaliações. Um quarto estagiário recebia todos esses dados e gerava um relatório para uma reunião mensal com o cliente. Era uma produção aos moldes de Henry Ford.

Só desenvolvemos as nossas primeiras tecnologias depois da marca de 300 clientes na plataforma. Concebemos o processo repetível e já sabíamos o que o cliente queria receber de informação na ponta. Basicamente, ele queria aparecer mais bem posicionado e ter os dados do que as pessoas falavam sobre sua empresa na *internet*.

Depois de desenvolver o mínimo da tecnologia para refinar o processo, tivemos de elencar quais eram as prioridades na hora de continuar o desenvolvimento dentro do produto. Dentro de um *roadmap*, todo o processo de criação seguiu um nível de importância. A equipe inteira estava focada naquilo que era considerado o mais importante, pois se o Mínimo Produto Viável não funcionasse bem, não fazia sentido ele continuar nas plataformas. As principais funções que o cliente queria foram o nosso ponto de partida.

Se é o cliente que vai comprar o produto, temos que ouvir ele, não é?!

Oculto, por Felipe Caezar:
A estrutura inicial - O lugar de cada coisa

"Pense grande, comece pequeno, cresça rápido!"
(Carlos Alberto Júlio)

Quando iniciamos a HubLocal, ficamos muito tentados a preparar todo o negócio logo no começo, ou seja, desenvolver tecnologias, contratar pessoas e montar estruturas. O pensamento que a maioria dos empreendedores tem no início é: tudo tem que estar pronto antes de se ter um bom negócio na mão.

Porém, devido a minha experiência em outros negócios que não deram certo, já entendia que o melhor era começar pequeno. Ao invés de montar toda uma estrutura, preparei uma apresentação e comecei a vender a minha ideia no mercado.

Um negócio começa de fato quando um cliente diz "sim" para o produto ou serviço. Antes disso, existe apenas uma ideia, ou um projeto de pesquisa em desenvolvimento. Não há um negócio propriamente dito. Tudo se inicia após a primeira venda dessa ideia.

A maior parte das *Startups* no mercado ainda está no campo das ideias. Existe um conceito, mas ele só não vende o produto e morre antes mesmo de nascer. A grande sacada é: ao invés de investir tempo, dinheiro e tecnologia, foque os seus esforços para conseguir vender o primeiro produto. Esse é o primeiro passo!

ESTAÇÃO 16: SUSTENTABILIDADE

Pensando nisso, trago o conceito de Bootstrapping, que nada mais é que a técnica de sustentar o seu negócio com o seu próprio faturamento inicial, sem investidores, pois no início é muito difícil encontrar pessoas que acreditem no seu negócio e não é viável fazer altos investimentos.

Existem três tipos de investidores que talvez possam ajudar no começo. Eles são chamados de "FFF" que significa "*Family, Friends and Fools*". Esses investidores normalmente são familiares, amigos e "tolos" que poderão investir em um negócio que não está validado e ajudá-lo a crescer nos primeiros passos da caminhada.

Muitos empreendedores decidem montar a *Startup* e buscar investimento externo. Com a maturidade dos investidores no Brasil, é difícil esse movimento funcionar. É preciso ter o que chamamos de *track record* para conseguir realizá-lo. Mas o que é o *Track Record*? É ter um histórico, um conjunto de feitos na sua carreira, na sua vida que o validem como pessoa e como empreendedor a ponto de convencer outros a acreditarem nas suas ideias, e não apenas nas suas realizações.

O *track record* da pessoa transmite confiabilidade e é a única coisa que importa além do próprio negócio. Por outro lado, se o negócio está provando que tem números, que está crescendo e que as pessoas querem aquele produto ou serviço, será bem mais fácil conseguir um investidor e desenvolver a sua ideia para um futuro mais longínquo.

Sem um bom *track record* e sem um negócio validado, não adianta ir com a ideia na cabeça e achar que vai ter investidores para o seu negócio. Não! Primeiro, você tem que montar um negócio e fazer Bootstrapping. Viver um tempo sem a necessidade de buscar investimento de terceiros para que você valide seu produto ou serviço no final.

Quando o negócio começa a se sustentar, chega agora a hora de se questionar e fazer os cálculos. Será que as ações que estou executando estão pagando a conta da operação necessária para entregar o produto ou serviço para o cliente? Essa pergunta precisa ser feita principalmente quando se está começando!

É uma conta simples, porém negligenciada por muitos empreendedores. Várias empresas não fazem esse cálculo e só percebem que erraram tarde demais, quando o negócio já está desenvolvido ao ponto de não se poder voltar atrás. Analisar constantemente o resultado dessa conta é fundamental para que o negócio se torne sustentável.

Certa vez, recebi uma *Startup* em nosso escritório para uma consultoria. Ela já tinha 40 clientes na carteira, dois sócios e dois funcionários. Eles faturavam cerca de R$5.000 reais, mas não conseguiam pagar as quatro pessoas que faziam parte da operação. Estavam em busca de investidores, pois não tinham mais dinheiro. Eles não fizeram a conta! Não sabiam realmente quanto deveriam cobrar dos clientes para que o negócio se sustentasse. O faturamento era insuficiente, pois precificaram errado o produto e não calcularam corretamente os custos.

À medida que essa conta é feita e o resultado se mostra possível, o negócio começa a se sustentar logo após as primeiras vendas. A partir desse momento, o objetivo deve ser replicar esse aprendizado e aumentar o faturamento ao máximo, sempre equilibrando a balança entre receita e despesa para manter o *Bootstrapping*. O valor da empresa precisa pelo menos pagar a conta. Precisa pagar o aluguel, a energia, o servidor e algum funcionário que seja indispensável inicialmente, mesmo que o empreendedor ainda não esteja recebendo. Uma empresa que não é sustentável e não consegue fazer Bootstrapping, dificilmente conseguirá captar investimentos, visto que o negócio não é promissor, pois não consegue pagar suas próprias contas.

A grande dica que dei para esses empreendedores que nos procuraram foi: revisar a estratégia e aumentar o *ticket* dos clientes, ou acabar com o negócio e recomeçar tudo do estágio inicial. Repensar o modelo e mudar de nome.

ESTAÇÃO 17: ESTRUTURA INICIAL

Quando o negócio se torna autossustentável, é o momento de montar sua estrutura, que geralmente se baseia em três pilares. **O primeiro deles é a venda**. Todo negócio precisa de receita, então é necessário ter um canal de vendas. **O segundo pilar é a operação**. Com ou sem tecnologia, o meio precisa ter uma logística para operacionalizar a entrega do produto ou do serviço. **O terceiro pilar da estrutura está nas finanças**. É preciso ter controle administrativo, pois há contas a pagar, contas a receber e cobranças. Logo, esses são os três pilares que todas as empresas precisam olhar no início.

Na estrutura inicial, também é preciso pensar em pessoas. Quando começa a tração, é inviável administrar essas três áreas, então chega o momento de contratar pessoas especializadas visando a ganhar escala e fazer o negócio avançar ainda mais. Foi exatamente isso que nós fizemos na HubLocal.

Quando o negócio começou a dar bons resultados, contratei uma pessoa para operação. Logo em seguida, vi que podia vender mais e contratei uma pessoa de vendas. Mais adiante, com o aumento das vendas, havia muito trabalho em relação a enviar boleto, fatura, nota fiscal, pedidos, solicitações. Então, contratei alguém para o financeiro, e assim por diante.

A HubLocal captou o primeiro investimento com a Anjo do Brasil em 2020. Nessa época, captamos R$600 mil reais. A equipe tinha seis pessoas em uma mesa pequena. Mas começamos fazendo *Bootstrapping*. Contratamos essas pessoas aos poucos e cada uma delas atuava em áreas distintas. Logo no primeiro ano, aumentamos de seis para 20 pessoas. Crescemos aproximadamente três ou quatro vezes o nosso número de colaboradores. Atualmente, a HubLocal possui mais de uma centena de colaboradores.

ESTAÇÃO 18: ENGAJAR E INOVAR

Quando se fala de engajamento: no início da HubLocal, todos entendiam que tinham seus setores, mas ajudariam em tudo que fosse necessário para a empresa funcionar. Se o funcionário de vendas está livre, ele vai ajudar em outro setor que precisa. Até o CEO estava ali pronto para colocar "a mão na graxa" sempre que necessário.

A paixão pela ideia do negócio é o que motiva e engaja todos que estão ali envolvidos desde o primeiro dia.

Jeff Bezos fala muito sobre o "Day 1"! O dia número um é aquele primeiro amor, aquele momento em que estão todos engajados, focados no negócio, buscando resolver um problema, procurando a solução para a dor dos clientes. Esse é engajamento ideal para se ter dentro da empresa.

A inovação de modelo de negócio é muito mais importante que a inovação tecnológica para o crescimento de uma empresa, principalmente em seu estágio inicial.

É importante lembrar que uma *startup* é um pequeno negócio com uma grande oportunidade de escalar em curto período. Essa escala geralmente envolve tecnologia embarcada para automatizar processos e atingir resultados maiores. Porém, a inovação de tecnologia não é o que resolve o problema, mas a inovação do modelo de negócio.

O mercado já nos mostrou que os negócios mais bem sucedidos do mundo são aqueles que inovam. Que fazem diferente! Então, dentro desse universo de *startup*, é muito importante que a inovação seja o seu principal valor.

Sem isso, a *startup* tende ao fracasso, pois apenas imita outros modelos, não inova. Na verdade, isso nem mesmo é uma *startup*. Uma *startup*, dentro do seu cerne e cultura, precisa ter inovação.

A HubLocal não fundou nada. Ela não inventou. Aproveitamos o que já existia no mercado e integramos dentro da plataforma da HubLocal: pegamos os principais mapas e listas da *internet*, automatizamos alguns processos, colocamos nosso "molho" secreto que é a estratégia de otimização dentro da plataforma de forma automatizada, e começamos a vender esse produto.

O que nós trouxemos de tecnologia nova? Nada! Trouxemos um modelo de negócio que ninguém fazia, ninguém executava. **Inovamos um modelo de negócio**. Aí começou a dar muito certo e hoje está crescendo de forma escalável por todo o Brasil.

A *Startup* nasce do mercado. Ela não pode nascer de dentro do nosso cérebro, de dentro do nosso quarto, do nosso sonho. Ela tem que nascer dos sonhos dos outros. Vale lembrar que a *startup* só é real quando ela vende. E onde ela vende? Ela não vai vender dentro de casa. É preciso ir para o mercado, perguntar, se apresentar. É por essa razão que uma *startup* nasce de fora para dentro.

Conheci um empreendedor que montou um negócio também aqui na nossa região. Ele teve a ideia durante um sonho. Disse que Jesus tinha falado com ele e agora tinha de montar uma startup. Ele já acordou com a ideia pronta! Meu Deus! Suando frio e emocionado, ele estava decidido.

Logo, montou todo negócio com as concepções dele, de dentro dele, daquilo que ele imaginou e sonhou, porque Jesus falou com ele. Ele achou até que ela veio de fora, mas a ideia veio do coração dele, veio do cérebro dele, que imaginou isso e não fez questão de pesquisar o mercado e validar sua ideia. No final, o negócio não deu certo. Ele gastou milhões de reais do próprio bolso, mas a *startup* não funcionou. Ele falou com Jesus, mas esqueceu de conversar com a pessoa principal: o cliente.

Diz um ditado que a voz do povo é a voz de Deus. Para o nosso universo das *startups*, funciona da mesma forma: a voz do cliente é a voz de Deus!

Capítulo 4

Tudo tem um começo, mas nem tudo são flores

Visível, por Felipe Caezar:
Primeiros Clientes - Encantamento

"Se você tem um produto, se tem conceito,
se tem inovação, a sua venda já está feita"
(Cristiana Arcangeli)

Confesso que, quando comecei minha vida de empreendedor, não sabia como vender. Hoje, as pessoas brincam muito e dizem que agora sou um campeão nas vendas, mas não tinha essa habilidade no início. Nunca fui da área comercial e não possuía a expertise necessária. Fui aprendendo algumas técnicas de vendas durante o dia a dia do trabalho. Depois de muita tentativa e erro, descobri que existem gatilhos que podem e devem ser usados no momento de fazer a venda do seu produto.

Ao oferecer uma solução para potenciais clientes, é imprescindível ouvir o *feedback* deles e aprender com essas informações. Às vezes um primeiro "não" pode colaborar para que o vendedor alcance um futuro "sim".

> *A partir daquele primeiro não, deve-se entender qual foi a objeção e o porquê. Logo será possível se aprimorar para a próxima tentativa de venda.*

Aliás, acredito que vender é um ato de coragem! É necessário sair da zona de conforto e estar preparado para ouvir um "não".

Por isso mesmo, desde o princípio, tive muita coragem em todos os meus negócios. Errei bastante na parte das vendas, mas construí essa bagagem ao longo do tempo. **O primeiro vendedor tem que ser você mesmo**, empreendedor, não tem para onde correr! O bom empreendedor jamais deve terceirizar essa tarefa.

Constantemente, encontro muitos empresários que têm o conhecimento técnico do produto, mas têm receio em fazer sua primeira venda. Sem isso, dificilmente o negócio consegue escalar e ter sucesso no mercado de *startups*.

ESTAÇÃO 19: ENCANTAR E VENDER

No livro "**Comece pelo Porquê**" de Simon Sinek, aprendi que a maioria das empresas e seus empreendedores começa focada em vender o produto em si, mas sem entender o "porquê". Por exemplo: para vender um computador, a tendência óbvia é citar todas as suas tecnologias e propriedades específicas. Porém, os melhores vendedores são aqueles que conseguem conquistar a mente e o coração das pessoas. Eles fazem o inverso, convencem os clientes de dentro para fora. "*Por que você precisa desse computador? Porque você é um grande empresário e esse equipamento vai lhe ajudar a ter uma melhor performance dentro do seu negócio*".

> *Vender o "porquê" é vender um propósito que vai impactar a vida das pessoas. É importante focar menos no produto e em suas características e mais no motivo pelo qual a sua compra é relevante.*

Depois de ler esse livro, tive uma grande virada em relação ao meu conceito de vendas. Uma pequena mudança de discurso e no modelo de negócio pode gerar o sucesso do empreendimento. Ao definir bem a razão de ser do produto, aquilo que é vendido fará sentido na vida das pessoas. Dessa maneira, a venda acontecerá naturalmente. Esse processo de concepção do produto é essencial. Por essa razão, é tão importante que **as primeiras vendas sejam realizadas por pelo menos um dos fundadores da *startup*.**

Após fazer a primeira venda, a segunda, a terceira, a quarta... então esse é o momento que o empreendedor entende que acertou. A metodologia de venda, o discurso e o produto em si funcionam para o seu cliente. Logo, essa metodologia será replicada para mais clientes e passada adiante para mais pessoas que serão necessárias para compor um time de vendas. Não recomendo montar uma equipe sem que o próprio empreendedor tenha antes vivenciado a prática do produto. Esse é o grande desafio!

Mas, afinal de contas, por que captar os primeiros clientes pode ser uma tarefa tão difícil? Às vezes o produto já vende rapidamente, mas na maioria dos casos, a venda é um processo. No início, quando o empreendedor tem o *insight* do negócio, ele costuma se apaixonar por essa ideia e não consegue enxergar os problemas, as possíveis falhas do produto e quais partes dele talvez não façam sentido na vida do cliente. Ele acredita cegamente que a solução quebrará paradigmas e mudará o *status quo* do mercado, mas depois descobre que essa não é a realidade. Por esse motivo, é tão importante que o fundador do negócio faça pelo menos a primeira venda.

O segredo do sucesso das empresas, inclusive da HubLocal, está na venda. Nós identificamos a melhor forma de vender para o nosso cliente. Entretanto, **o primeiro passo é identificar quem é esse cliente**. Para formar um time de vendas, é preciso saber quem realmente se interessa, gosta e compra o produto que se oferece. Em seguida, o **segundo passo é descobrir qual discurso funciona para vender aquele produto**.

Para encantar o cliente, aquilo que você oferece precisa se conectar com ele. Sem conexão, sem o entendimento de que o produto realmente faz sentido para a vida do cliente, não é possível encantar ninguém. Para o empreendedor, nada é tão satisfatório quanto fazer uma apresentação para alguém e ouvir que a proposta é exatamente a solução que ela estava procurando. Esse tipo de reação é o que revela a conexão. Isso não é técnica de venda, é encantamento!

Toda startup precisa encontrar essa conexão com o seu público-alvo. Principalmente quando está na fase inicial e desenvolve um novo produto. Uma empresa de tecnologia primordialmente desenvolve uma solução, um produto ou um serviço. Se não faz sentido, não vai encantar ninguém.

Desenvolver um produto ou serviço através da cópia de algum modelo já existente também é um cenário bastante comum. As pessoas acreditam que imitar um negócio de sucesso lhes garantirá o mesmo resultado. Entretanto, o produto ou serviço meramente copiado costuma já nascer sem propósito. O autor do projeto original entendeu o propósito, logo, conseguiu encantar e criar conexão. O "imitador" só consegue enxergar o produto final, só consegue alcançar "o quê", como bem afirmou o Simon Sinek, apenas copia o que é supérfluo, mas deixa de lado o propósito que dá a razão de ser daquela ideia.

> *O caminho para conseguir encantar é entender e aprimorar o propósito do produto.*

Aquilo que o empreendedor desenvolve e tenta vender deve ter uma intenção, uma finalidade na vida das pessoas.

Além disso, a grande chave do encantamento do cliente não está no material, mas no discurso do vendedor. Compreender esse conceito é o que muda o rumo dos novos empreendedores.

Desenvolver o conceito do produto, buscar conhecer o cliente, entender qual o sentido daquilo na vida dele, vender menos o produto e focar mais na apresentação do propósito, este é o início de uma boa venda. Em seguida, **marcar uma reunião**!

Atualmente, existem vários canais para marcar um encontro com um cliente em potencial. Telefone, *e-mail*, *LinkedIn* e o bom e velho "porta a porta". O vendedor pode ir à porta do cliente e encontrar-se com ele. Pode conseguir o telefone do local, ligar e falar com quem quer que atenda do outro lado, em seguida pedir para conversar com determinado setor, determinada pessoa... ele pode até mesmo mandar um *e-mail*. Para quem deseja vender, não existe mistério. Gastar a sola do sapato ainda funciona, mas a tecnologia tornou tudo mais fácil. Com o *Google*, é possível listar e mapear todas as pessoas e empresas que podem se interessar pelo produto.

No final das contas, não tem segredo. Não existe fórmula mágica: a venda só acontece quando o vendedor se dispõe a procurá-la. Seja por vídeo conferência, telefone ou presencialmente. Tem que ir e fazer. Não pode ter medo do "não" ou receio de se frustrar.

> *No ramo comercial, é muito importante equilibrar as expectativas. O vendedor precisa estar ali entre o otimismo e o pessimismo.*

Ele não pode estar apaixonado pelo produto e entrar no mercado acreditando que tudo dará certo facilmente, como em um conto de fadas, e nem pode ser totalmente cético a ponto de ficar desestimulado e preso na fase de ideação sem o brio para se arriscar.

As pessoas costumam dizer, que no início, tudo são flores. Mas na verdade, no universo das *startups*, tudo tem um começo, mas nem sempre é primavera. No início, o empreendedor fica tão apaixonado pela ideia, acredita tanto naquilo, que no seu coração arde o desejo da realização. Muitas vezes, essa vontade ultrapassa a esfera profissional e se torna o maior propósito da sua vida.

A caminhada começa, mas logo vêm as dificuldades. O empreendedor chega no mercado e descobre que as pessoas não querem a sua ideia "perfeita". O produto tem que ser ajustado, precisa de melhorias. Ele precisa ser retrabalhado e ainda não está pronto para o mercado. O empreendedor entende que é necessária uma mudança de modelo de negócio e pivotagens podem acontecer nesse momento.

Nenhum produto conhecido no mercado, aqueles que um empresário teve a ideia e desenvolveu, simplesmente deu certo. Não é assim que funciona. Todos eles fizeram adaptações e melhorias para se tornarem o sucesso que são hoje. A HubLocal é um exemplo disso. Existiram muitos momentos de virada na nossa história.

Todos começam achando que será fácil, que sua ideia é brilhante e que faz total sentido para o mercado. Com o passar do tempo, as dificuldades e incertezas revelam que flores também têm espinhos e precisam ser cuidadas para desabrocharem.

HubLocal

No início da experiência de vendas, na minha cabeça, o plano era perfeito. Eu imaginava que me sentaria na frente do cliente, apresentaria a ideia e ele compraria facilmente, porque a ideia era boa demais. Tive um choque de realidade! O cliente disse: "*Estou interessado, mas ainda não vou comprar. Preciso testar e ver se funciona*". Desde então, aprendi que jamais se desenvolve todo um produto apenas na cabeça do empreendedor. Sempre é preciso perguntar ao cliente.

Costumo dizer que o produto da HubLocal foi praticamente criado pelos clientes, pois foram feitos muitos ajustes e adaptações desde o protótipo para que a dor deles sempre fosse atendida. Essa parceria foi responsável pela expansão e pela qualidade do produto entregue.

Antes da HubLocal, vendíamos posicionamento no *Google*. Porém, os clientes perguntavam sobre o *Apple Maps*, *WhatsApp Location* e outras plataformas. Observamos que existia ali uma dor e uma demanda recorrente que poderia impactar diretamente o negócio.

Para ter essa percepção, é preciso adquirir amadurecimento durante o processo. Entretanto, poucas pessoas aguentam enfrentar todas as dificuldades do início da jornada. Os primeiros momentos são de muitos "nãos". Toda a resiliência é colocada a prova e só permanecem aqueles que conseguem ouvir, aprender e se adaptar.

Quando comecei as primeiras vendas da HubLocal, participava de muitos encontros e feiras de negócios. Estava pensando em formatar a HubLocal e comecei a apresentar para alguns amigos e potenciais clientes que já estavam na minha lista.

Consegui as minhas primeiras vendas e algumas pessoas acreditaram no nosso negócio. Inicialmente, a minha estratégia era participar de eventos corporativos. Em cada um desses, conseguia me comunicar com cerca de 300 empresários. Eu falava de maneira muito clara o "porquê", mas não dizia o "quê" tinha para vender. Essa era minha forma de atraí-los.

Durante minha apresentação, perguntava para os empreendedores: "*Quem gostaria de ter o seu negócio encontrado em todo lugar na internet?*". Todos sempre levantavam a mão! Por quê? Porque fazia sentido. Todo e qualquer empresário deseja ter sua empresa acessada, buscada e encontrada o mais rápido possível na primeira colocação das pesquisas. Era uma pergunta retórica. Eles levantavam a mão e eu os convidava a me procurar no final das apresentações, pois eu tinha desenvolvido uma solução para o desejo deles e garantia: "*Vocês serão rapidamente encontrados em qualquer lugar online*.

Minha estratégia sempre funcionava. Ao final da apresentação, dependendo do porte do evento, cerca de 80 pessoas me procuravam para saber mais sobre a minha ideia. Com esse modelo de venda, aproximadamente metade fechava a compra. Ou seja, a taxa de conversão era de 50%.

Depois do primeiro evento, fiz o cálculo com os custos e ganhos para atender aos novos clientes que assinavam o serviço. Fazia o famoso cálculo de padeiro! Pegava um papel e anotava o que ganhei, menos o que gastei. Percebi que o cálculo fazia sentido e comecei a replicar. Participei de um evento, dois, três e não parei mais. Comecei a fazer muitas vendas e formar uma carteira sólida.

No primeiro ano de HubLocal, conseguimos 300 clientes assinantes. No segundo ano, aumentamos para mais de 1.000 empresas clientes. No terceiro ano, esse número cresceu para mais de 4.000! Hoje estamos alavancando milhares e milhares de clientes em todo Brasil. Levou tempo para desenvolver novos canais e formar a equipe.

Para construir tudo que é a HubLocal hoje, existiu toda uma jornada a ser percorrida, mas tudo começou do empreendedor, do fundador inicial do negócio. Se o empreendedor não respeitar as etapas e realizar esses passos no ritmo certo, o negócio não consegue começar e tende a morrer ainda na fase inicial.

Oculto, por Rodrigo Coifman:
O Vale da Morte - Estagnação

"Pelo menos 40% de todas as empresas morrerão
nos próximos 10 anos... Se não descobrirem como mudar
toda a sua empresa para acomodar novas tecnologias."
(John Chambers)

Depois de conquistar os primeiros clientes e entender como encantá-los, o empreendedor deseja encontrar uma solução que atenda a cada um deles. Porém, essa solução é inexistente no mercado. Atender de maneira individual pode se chamar consultoria, personalização ou customização. Uma *startup* não pode executar um projeto de escala sem um padrão que se replique. O que funciona como exceção deve ser tratado como um pacote especial ou um atendimento *premium*. Toda *startup* precisa ter um modelo o mais replicável possível para atingir a capacidade de crescimento sem diminuir suas margens ou sobrecarregar a operação.

ESTAÇÃO 20: EQUILÍBRIO NO ATENDIMENTO

A estagnação acontece quando o empreendedor acredita ter um modelo replicável, mas não consegue encontrar o equilíbrio desse modelo. Logo, fica insatisfeito por não ser capaz de atender a todos. Entretanto, é muito importante entender que, ao tentar agradar a todos, o produto acaba não agradando a ninguém. Encontrar esse equilíbrio é um dos pontos chaves do negócio.

Na HubLocal, demoramos muito para equilibrar nosso atendimento ao modelo de negócio, pois não queríamos perder clientes, visto que tínhamos uma base inicial pequena e não tínhamos captado investimento. Precisávamos entender o que fazia sentido para o cliente, o que era viável para nós e o que deveria ser priorizado no negócio para desenvolver o produto.

Compreender o mercado significa fazer escolhas.

Passamos muito tempo estagnados, como que "vendendo o almoço para pagar a janta"! A estagnaçao acontece bastante porque o negócio ainda está em construção, ao mesmo tempo em que já está funcionando. A HubLocal tinha que garantir a base de clientes que forneciam a receita para manter o mínimo da operação. Todavia, sabíamos que era preciso avançar para encontrar o melhor modelo de crescimento.

No início, tínhamos alguns clientes que geraram *cases de sucesso*, mas não havia certeza do que realmente era mais valioso para cada tipo de cliente específico. Para dar foco ao crescimento, era necessário encontrar o modelo ideal o quanto antes, pois quanto mais se abre a base de clientes sem uma segmentação clara da carteira, problemas cada vez maiores surgem. Cada cliente terá uma demanda diferente e certamente não será possível atender a todos.

Tudo começou a mudar na HubLocal quando começamos a colocar o produto em esteiras de trabalho, pois antes tratávamos os clientes individualmente e isso gerava processos diferentes dentro da empresa para atender a cada um deles. Após colocar todos em esteiras, consegui entregar o produto mais rápido e com mais assertividade. Nessa fase, é preciso renunciar à vaidade de artesão para montar uma linha de fabricação industrial que, provavelmente, entregará um produto que venderá mais a cada dia.

Esse momento é conhecido como "**vale da morte**", porque o empreendedor tem uma base de clientes e um faturamento, mas, se atender a cada um individualmente, terá uma operação muito cara e não saberá quem é o público de consumo para replicação. Logo, precisamos entender nessa fase que escolher seu cliente é fundamental.

ESTAÇÃO 21: ICP

Por essa razão, é tão importante encontrar o cliente que ficará mais tempo, pagando um preço justo e que percebe valor no serviço. Comumente chamamos de ICP (Perfil do cliente ideal, ou *ideal client profile*), aquele grupo de clientes que mais enxergam valor na sua solução. A sua segmentação pode ser por localização, faturamento, segmento de mercado etc.

Geralmente, uma *startup* precisa demonstrar crescimento nessa fase para comprovação de escala e investimento futuro. Por conta disso, é vital fazer escolhas! Não alcançar esse crescimento provavelmente significa que ainda não encontrou o seu modelo de negócio. Durante essa fase, a HubLocal estava agonizando. Precisávamos dar esse passo, mas não havia dinheiro no caixa e nem investidor para nos sustentar. Tivemos que transformar o atendimento do cliente atual e, ao mesmo tempo, trazer novos clientes.

Nesse momento, atendíamos 90 empresas e estabelecemos uma meta de converter outras 300 em três meses. Isso seria a garantia de que o modelo funcionava bem.

> *Agregar clientes sem aumentar muito as despesas é uma das principais características de uma startup.*

Por definição, escalar significa conseguir produzir mais com menos recursos possíveis – ainda aprofundaremos mais o assunto. Para isso, é necessário encontrar um modelo que prove a operação de forma exponencial. Quando a HubLocal chegou no terceiro mês e triplicou a base sem aumentar o time, descobrimos o nosso modelo!

Esse foi o ponto de virada, quando ficamos seguros com o produto e prontos para continuar crescendo. Era o argumento certo para vender. Com 300 clientes, ouvir um "não" e lidar com ele em uma negociação é muito mais tranquilo. Quando tínhamos cinco clientes, perder um deles significava perder 20% da nossa base, logo, nos sentíamos pressionados a fazer concessões e acabávamos fugindo do nosso modelo proposto.

Já quando é um cliente entre 300, se torna muito mais fácil deixar ele ir embora. Às vezes, é até bom deixá-lo ir, porque aquela não é a solução que ele está procurando. Esse alinhamento é muito importante em uma relação de negócio. Vivemos numa cultura onde cedemos para conseguir a aprovação de alguém e, com isso, perdemos a nossa identidade, nos tornando cada vez mais frágeis, inseguros e inconstantes.

Em algum momento, os problemas começam a acontecer. Desde a falta de dinheiro no caixa a processos trabalhistas, funcionários insatisfeitos, até o próprio empreendedor não conseguir uma participação nos lucros porque a empresa simplesmente ainda não dá lucro e sequer tem condições para sustentar seu pró-labore.

> *Para sobreviver no universo das startups, o empreendedor deve ter um emocional e uma mentalidade muito forte para sempre avaliar situações e seguir sem desanimar!*

Sei disso porque já estive em muitas situações difíceis como empreendedor. Trabalhei em sala de reunião emprestada, com um computador péssimo, perdi excelentes colaboradores por não conseguir pagá-los, não conseguia fazer uma festa de confraternização para levantar o ânimo da equipe por falta de dinheiro no caixa etc.

As pessoas sentem o cheiro de derrota nesse tipo de negócio e o empreendedor precisa motivar todo o seu time, continuar as vendas e o desenvolvimento do produto. Enquanto isso, o fundador normalmente absorve as preocupações, sem compartilhá-las para não desmotivar a equipe.

Quando a empresa está na fase inicial, o dono faz tudo: apresenta a proposta comercial, atende a operação, ouve reclamação do cliente, gerencia o financeiro, cobra inadimplência e cuida das vendas. Ele assume muitas funções e ainda precisa ser uma figura forte para fazer o time acreditar em um sonho que, por enquanto, os números ainda não provam que é possível. É uma fase muito delicada e a maioria das pessoas não consegue superá-la. Porém, essa fase não é eterna. É preciso resistir.

> *A startup se encontra no vale da morte. E agora, o que fazer? O empreendedor precisa tomar decisões e fazer sacrifícios. Para uma árvore crescer melhor, ela precisa ser podada. A poda é um grande sofrimento para ela, pois se arranca uma boa parte da sua estrutura, mas ela não cresce corretamente se não passar pelo processo.*

No caso de uma *startup*, às vezes é preciso dispensar aquele cliente que pagava melhor, mas não se adequava ao modelo de negócio; demitir um funcionário que era muito bom tecnicamente, mas era nocivo para o time; trabalhar no setor financeiro mesmo que não seja sua área de atuação porque é o que a empresa precisa naquele momento; não receber salário por dois anos para realizar o plano de crescimento e ganhar o triplo no terceiro ano. Enfim, o empreendedor tem de fazer sacrifícios que exigem autocontrole e gestão. Sem esses sacrifícios, o negócio a longo prazo se tornará caro, não replicado e renderá muito mais "cabelos brancos" do que resultados.

Muitas empresas começam bem, mas morrem pouco tempo depois de iniciar suas atividades. Elas começam entregando um bom nível de serviço até sentir os primeiros balanços financeiros negativos. Logo, tendem a diminuir a qualidade do produto, o quadro de colaboradores, e até o preço... realizam uma série de ajustes e o negócio que o cliente conheceu no início muda a ponto de se tornar irreconhecível sem gerar nenhuma identidade com o seu público consumidor.

O empreendedor não precisa somente de resiliência, mas sobretudo de adaptabilidade a cada fase do seu negócio

Nosso objetivo sempre foi ter crescimento com saúde em todas as suas vertentes. Sabíamos que investidores não costumam apostar em negócios que não têm potencial de crescimento e que eles sabem identificar uma *startup* com tal potencial.

A partir do momento em que a *startup* passa a atender muitos clientes sem tantas particularidades e consegue crescer rápido, os investidores começam a acreditar que o negócio pode ir mais longe. Nesse momento, vem a ruptura da estagnação. Sair da inércia e começar a acelerar gera um deslocamento de ar muito grande, uma força enorme! Mas algumas pessoas não conseguem ter essa força e desistem antes mesmo do foguete decolar. Por essa razão, a maioria das empresas duram apenas cinco anos, segundo pesquisa do Sebrae.

Eu percebo muitos empreendedores ainda com o modelo de gestão incipiente baseado em frustrações anteriores ou suposições que, na maioria das vezes, não se tornam realidade. Eles não planejam e preferem aprender com os seus erros do que com o dos outros. Idealizam que não precisarão dar satisfação a um "chefe" e que, construindo um império, não precisarão se dedicar tanto no futuro. Depois que me tornei empreendedor, trabalho muito mais horas do que costumava trabalhar durante meus 16 anos de experiência em grandes empresas do mercado tradicional. A vida real é diferente. O empreendedor de *startup* começa trabalhando doze horas por dia com a esposa, a família e sociedade pressionando para saber se o negócio vai decolar. Existe uma cobrança enorme! Principalmente para aqueles que começam sem um patrocinador.

> *Na maioria dos casos, apenas o próprio empreendedor acredita no seu sonho inicialmente.*

O nosso negócio, por exemplo, começou na cabeça de dois jovens que viajaram até o Vale do Silício e voltaram de lá com o sonho de montar uma *startup*. Em nossas confraternizações de fim de ano, sempre lembramos de como tudo começou. Na época, enfrentamos muitas dificuldades que hoje nos rendem até boas risadas e algumas histórias. Acredito que cada um desses episódios nos deu a "casca grossa" para não desistir tão fácil diante dos desafios. Atualmente, quando surge um problema, ele já não nos abala emocionalmente como antes.

Já passamos por vários problemas e quase quebramos diversas vezes. Porém, não queremos nunca mais voltar para o Vale da Morte. Não queremos ser o Rambo, que vence sozinho com uma faca entre os dentes e uma faixa amarrada na cabeça. Hoje em dia, estamos muito mais para os Vingadores. Somos uma equipe muito mais forte, preparada para lidar juntos com cada novo desafio.

Até porque, temos uma facilidade de aprendizado maior no deserto. Vencer esses obstáculos pode definir os próximos 10 anos de sucesso da sua empresa. Se fosse fácil, qualquer pessoa criaria um negócio! Estamos percebendo uma geração que foge dos desafios e prefere mudar a se aprimorar. Sair do ponto de estagnação é muito desafiador. Quem consegue equilibrar seu emocional e se adaptar a múltiplos cenários é aquele que avança para a próxima etapa do grande jogo da vida. Sair do Vale da Morte é dizer que você passou pela prova de fogo.

Antes de ter o modelo de negócio atual, a HubLocal operou com muita dificuldade financeira. Fazíamos adiantamentos de recebíveis, pagamentos adiantados com desconto, entre outras medidas, para equilibrar o nosso caixa.

Não tínhamos investidor naquela época e nem capital financeiro para sustentar a operação. A base de clientes e colaboradores era bem pequena e com alta rotatividade. Nossos clientes estavam acostumados com um tipo de serviço muito personalizado e agora recebiam um que era resultado de um processo repetitivo, algo que a empresa precisava replicar para provar o seu poder de escalabilidade. Encaramos que esse era um mal necessário para transformar a HubLocal em uma empresa de produtos, e não mais de consultoria. Precisávamos "produtizar" o nosso negócio.

Essa foi uma das fases mais difíceis. Quando se trabalha com consultoria, se cobra por essa personalização. O cliente paga por hora e aquele dinheiro é garantido. Mudar a direção do negócio foi como "*trocar o certo pelo duvidoso*". Pensávamos algo como "*Será que não estamos indo na direção errada?*", "*Será que iremos sobreviver com esse novo modelo?*" Essas perguntas rondavam nossas mentes diariamente.

Ao entrar nessa fase, nós, sócios, ficamos muitos anos sem receber pró-labore. Pelo contrário, investíamos com nossos próprios recursos. Apesar disso, nossos clientes à época não estavam dispostos a pagar uma receita nova por isso. Não tínhamos uma base nova de clientes, apenas a base já existente, que estava acostumada a ter um serviço personalizado. No começo, não gostaram das mudanças e muitos ameaçaram sair. Precisamos ter muita desenvoltura para convencê-los de que o novo modelo era melhor para todos os envolvidos. Seríamos mais velozes na geração de resultado. Apesar de alguns clientes ainda não conseguirem enxergar essa realidade, acreditávamos que era questão de tempo para isso acontecer.

A confiança precisava existir em ambos os lados. Enquanto isso, a HubLocal estava tocando duas operações simultâneas: a do cliente antigo e a dos novos clientes, que nos ajudavam a testar e descobrir qual era o modelo de replicação. Esse era um movimento muito perigoso, pois aumentava os custos. Além disso, havia receio em aumentar a base de clientes e gerar um problema ainda maior. Todos os dias, eu pensava: "*Será que não estamos criando diversos modelos de negócio? Como vamos gerenciar isso no futuro?*"

Decidimos, com os novos clientes que iam assinando, já explicar as regras do jogo, mesmo em dúvida se o modelo iria funcionar. É difícil prometer algo sem ter certeza comprovada. Fizemos uma aposta arriscada que poderia gerar danos irreversíveis. Estávamos inseguros, mas sabíamos que, se não fizéssemos isso, jamais conseguiríamos mudar de nível. Nosso negócio a longo prazo poderia se tornar uma torre de babel, com cada cliente falando uma língua diferente. Nosso time estaria sempre desorganizado e não conseguiria ser ágil, pois teria que analisar cada contrato e acordo de serviço no atendimento. Era preciso simplificar o processo para incrementar e suportar o crescimento.

Depois de três anos de trabalho, comprovo que tomamos a melhor decisão para a HubLocal, que naquele mesmo ano ultrapassou a marca de 1.000 empresas e hoje já cresceu em pelo menos dez vezes a sua base de clientes. O universo das *startups* só está aberto para quem se dispõe a arriscar e entender que flores também brotam no deserto.

Capítulo 5

Provar para ser aprovado

Visível, por Rodrigo Coifman:

Product Market Fit - Avaliação e Aprovação

"Se você gastar muito tempo pensando sobre uma coisa,
você nunca vai fazê-la"
(Bruce Lee)

Nos capítulos anteriores, vimos o quanto é desafiador desenvolver uma solução escalável. Além de dedicar atenção ao produto mínimo viável, precisamos que os consumidores percebam seu valor e utilidade no dia a dia. Uma boa dica é compreender o conceito de PMF, ou *Product Market Fit*, criado por Marc Andressen, fundador da Netscape e investidor em startups do Vale do Silício.

ESTAÇÃO 22: PMF

Product Market Fit (PMF) é a adequação do seu produto ao mercado em que ele está inserido. Para isso, é necessário conhecer profundamente o seu consumidor e entender suas necessidades e hábitos para oferecer exatamente o que ele sempre procurou, um produto que atenda seus principais anseios.

Quando desvendamos o ponto de encontro entre o que oferecemos e o que mercado espera, conseguimos atingir o nível de integração ideal – é uma virada de chave incrível!

Ouvir *feedbacks* de clientes e consumidores potenciais confirma o nível de satisfação e segurança para trilhar os próximos passos. Essa é uma etapa importantíssima na construção de negócios vitoriosos e relevantes.

Ao atingir a maturidade, você entenderá que está pronto para potencializar suas vendas. Essa é a hora de partir para o próximo passo, que é começar a pensar em escala.

O empreendedor precisa entender que nem tudo que ele cria o levará para o Product Market Fit. É necessário desenvolver, testar e ouvir feedbacks.

Dan Olsen, em seu livro "*The Lean Product Playbook: How to Innovate with Minimum Viable Products and Rapid Customer Feedback*", criou um *framework* chamado Pirâmide do *Product Market Fit* que possui os componentes que iremos abordar detalhadamente nos próximos tópicos deste livro.

Público-alvo

Definir qual o público da sua empresa é fundamental para focar em entregar a melhor solução para aqueles que são decisores na hora da compra. Vender para qualquer cliente torna tudo mais difícil! Clientes entrando e saindo todos os dias impedem a *startup* de seguir uma linha de trabalho consistente em prol de tentar agradar um público que nem permanecerá lá mais tarde.

Uma boa forma de especificar esse público é construir um mapa de personas conforme o modelo a seguir:

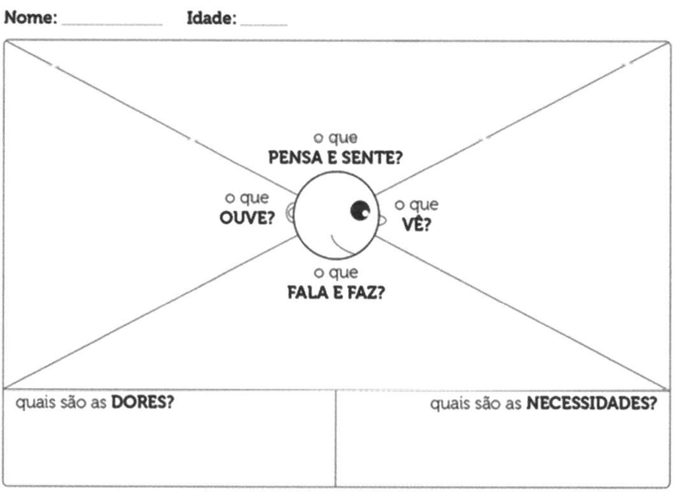

Necessidades mal atendidas

Ao entender seu público-alvo, o próximo passo é identificar quais são as necessidades que outras soluções não entregam, ou entregam de forma insuficiente. Caso você não encontre esse diferencial, há uma grande chance de falhar em gerar um apelo suficiente para migração de novos clientes de soluções concorrentes.

Proposta de Valor

Apesar de poucas pessoas se lembrarem, antes da criação do iPod por Steve Jobs a *Creative Technology* foi a empresa que criou e lançou o primeiro tocador mp3 do mercado. Apesar da Apple só lançar o seu dois anos depois, a diferença entre a proposta de valor das duas empresas era bem distinta. A Creative vendia um leitor de mp3 com 5GB de armazenamento, Steve Jobs vendia o sonho de "1000 canções no seu bolso". Apesar do iPod possuir praticidade no tamanho, capacidade de armazenamento, bateria durável, interface inteligente e melhor qualidade de áudio, o foco de Jobs nunca foi focar no "O Quê" e sim no "Por Quê" as pessoas precisariam do seu produto. Simon Sinek, autor de muitos livros e da terceira TedTalk mais assistida no mundo, explica o conceito chamado de Golden Circle ou Círculo Dourado, segundo o qual as empresas líderes de mercado são aquelas que começam a desenvolver sempre questionando primeiramente o porquê das suas ações. Depois que entendem o que as motiva, elas focam no como e o quê entregarão ao seu mercado consumidor. Ao trazer um propósito e proposta de valor, conseguem se comunicar diretamente com o sistema límbico do indivíduo e ativam o comportamento emocional, fazendo as pessoas tomarem decisões que consideram importantes, como não perder uma grande oportunidade.

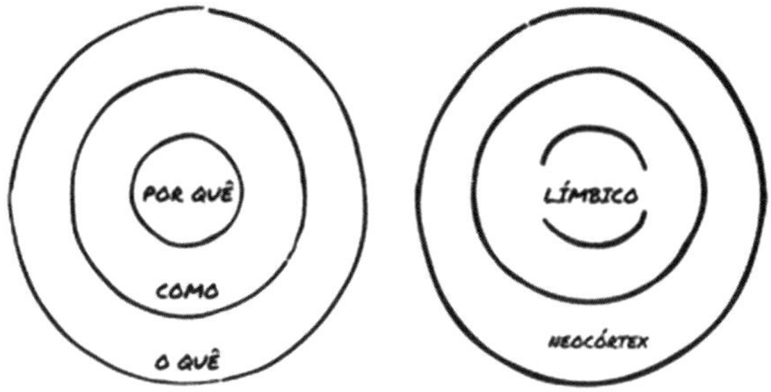

Características

Foque nas características principais do seu produto, pois elas, em sua grande maioria, são o que atrai e retém os clientes, que pensam diversas vezes antes de cancelar uma compra, pois entendem que não encontrarão algo similar no mercado. Estude sempre os concorrentes e confira o quê e como eles entregam e quais são as suas características comuns e incomuns com seu produto. Quando avaliar características comuns é essencial se perguntar: por que as pessoas optariam pela sua solução ao invés de outras existentes? Já nas características incomuns, é importante entender se realmente cada uma seria um ponto de diferenciação ou se você apenas gastou tempo e esforço para, no final, não receber uma percepção positiva.

Experiência do usuário

Um produto adequado ao seu mercado possui características importantes como boa usabilidade e acessibilidade. No final, o custo-benefício é sempre avaliado e as melhores soluções são as que convidam o usuário a perceber que, se as não tiverem, provavelmente terão um grande sentimento de perda. Para garantir uma boa experiência do usuário, é importante o investimento na contratação de um UX Designer, profissional focado em cada etapa da interação do usuário com o produto ou serviço, preocupado em garantir que ela ocorra da forma mais tranquila e prazerosa possível. Quando não se investe nisso, os usuários tendem a achar a operação da solução complicada demais e podem abandoná-la por se frustrarem com a experiência de uso.

O *product market fit* acontece quando o empreendedor tem um produto que as pessoas querem comprar. Simples assim.

Além de entregar o que os clientes querem, existe ali a certeza de que muitas outras pessoas também têm interesse naquele produto e, portanto, há um mercado. Ter um lucro originário desse produto também é fundamental.

Essa é uma fase posterior, na qual o empreendedor já prototipou e desenvolveu o MVP (mínimo produto viável). Logo, é uma etapa de maturidade, em que já se conquistou uma base de clientes.

Quando o produto já passou da apuração e validação, geralmente já reuniu vários clientes. Porém, ele foi ajustado tão bem, que o empreendedor passa a ter o seguinte pensamento: "*Posso ir para o mercado tranquilamente. Talvez não venda para todo mundo e não há problema que essas pessoas não sejam meus clientes, pois abri um novo universo de pessoas que têm o mesmo interesse no meu produto.*"

Mas isso tudo só acontece após uma fase de maturação. O produto já foi desenvolvido, ajustado, testado bastante e os clientes pagam por essa funcionalidade e por esse serviço. Quando a *startup* atinge esse ponto, o empreendedor é capaz de dizer em uma captação de investimentos o quanto o seu produto pode atender com assertividade.

Chegar nesse nível é um marco para *startup*. O empreendedor estará apto a encarar grandes investidores, visto que existe um mercado estudado e comprovado.

A melhor dica para atingir o product market fit é estar próximo do cliente. Quanto mais o empreendedor puder ouvir as opiniões diferentes de cada cliente, mais rápido conseguirá perceber o que verdadeiramente importa.

A partir do momento que o modelo está provado, é a hora de mensurar o poder de escala daquilo que foi desenvolvido – tanto na entrega, quanto na possibilidade de um novo público ser atingido.

Seguir os seus processos e não sair da linha podem ser os maiores desafios. Há uma tendência no empreendedor de sentir-se inclinado a fazer mudanças quando um grande contrato surge. Os novos clientes podem propor algo muito diferente do que você estava seguindo e isso é perigoso! Aqueles empreendedores como eu que gostam de inovação e tecnologia tendem a querer sempre incrementar o produto, mas isso pode aumentar o custo e gerar distração e perda do foco.

Muitos empreendedores pecam nesse momento por não enxergar que, talvez, perder aquela grande empresa seja importante para que se possa atender às outras milhares de empresas menores que estão disponíveis no mercado – o que, no final das contas, vai trazer um resultado consistente e persistente.

A solução geralmente não é um produto simples de ser customizado. Sempre existirão necessidades especiais e urgentes solicitadas pelos clientes, mas o core do produto é tão essencial que a ausência de alguma outra função pedida pelo cliente deve ser ponderada, e pesa menos na balança quando ele compara com o que está recebendo e usufruindo. Para alcançar o *product market fit*, não se deve mexer demais no produto. Quando o negócio já passou pela fase de validação, o produto deve ser mantido para que não se perca a referência.

O cliente que mais pode te ajudar na construção desse processo não é aquele que apenas elogia, mas o que indica e promove para outros. Se o produto é campeão, suporta muita gente e resolve uma dor em comum do mercado, é seguro investir dinheiro e seguir com muita velocidade e escala.

> *O empreendedor deve ser mais criterioso e buscar apenas o que for realmente fundamental para todos, a partir de pesquisas da base atual.*

Quando o produto é entregue para muitas pessoas testarem, é possível identificar se ele realmente atende às necessidades previstas, de acordo com o mercado. Um bom produto entregue para um grande mercado encontra o "fit" como ponto de intercessão. Atingir o ajuste do "*product fit*" e do "*market fit*" significa a união das duas partes de um produto ideal no mercado adequado para a solução funcionar.

Ao chegar de fato no mercado, o produto prova o quanto realmente é desejado. E geralmente nem mesmo será preciso um grande esforço para convencer o cliente, desde que seja alcançado o *product market fit*.

Por outro lado, mesmo que um produto resolva uma dor de mercado muito clara, *startups* que são muito disruptivas enfrentam um processo mais demorado porque envolvem uma mudança de cultura.

> *As startups que trazem ideias muito diferentes ou são muito exclusivas dentro de um mercado costumam demorar um pouco mais para atingir seu PMF e precisam de muito investimento.*

Product market fit, no final das contas, significa estar em um bom mercado com um bom produto que satisfaça os clientes. Não ter um bom produto, ou ainda ter um excelente produto em um mercado muito ruim, muito competitivo, com taxas muito baixas ou com margens muito pequenas, não é o ideal. Desafios fazem parte da jornada de toda *startup*, mas você precisa desenvolver um produto sustentável e escalável com um mercado sólido e saudável.

De fato, sair de uma fase de tração e começar a escalar é o desejo de toda *startup*. O negócio às vezes ainda não está nesse estágio de maturidade, mas esse deve ser sempre seu maior objetivo, desde a sua construção ao desenvolvimento do produto para atender clientes em larga escala.

A escala não se mede apenas pelo número de clientes e o tamanho de sua base, porém, é preciso entender que esse produto pode não funcionar se ele não tiver algum tipo de escala, independentemente de qual ela seja.

Todo empreendedor trabalha diariamente para atravessar todas essas fases e finalmente chegar no último estágio de *startup*, que é a escala. Ao atingir um nível de escala tão alto, muitas empresas decolam. Todavia, como será possível vender para tantas pessoas se o produto não foi aprovado, ou se ainda não há um teste validado para que os clientes paguem por isso?

> *É tentador acreditar que o produto está aprovado logo nos primeiros clientes, mas analisar uma parte muito pequena do mercado é um erro clássico.*

Quando se fala em escala, é imprescindível atender a maior parte do mercado escolhido– a não ser que exista um alto valor agregado e um baixo custo operacional para garantir uma boa margem com público menor. Mesmo assim, ainda se questionam os modelos de provisão futura.

Durante essa fase de tração, o *ticket* médio pode ser tão alto e a margem tão boa que o empreendedor se ilude ao pensar que pode fazer projeções de crescimento contínuas. Porém, sem conhecer o mercado, rapidamente esse caminho se torna uma área muito perigosa.

Os investimentos em escala vêm de pessoas muito mais criteriosas, que preferem investir em *startups* que já deram certo. Eles estudam o histórico de vendas e a velocidade de crescimento, fazem uma pesquisa profunda do mercado, consideram concorrentes locais e de outras regiões, tentam descobrir se o negócio crescerá até um determinado limite ou se pode se expandir nos próximos dez anos. O investidor quer saber até quando os *seus fundadores* ficariam dentro do negócio e até onde aquela empresa é capaz de chegar. Sem provas, provavelmente será o fim daquele negócio.

> *Provar para ser aprovado é um objetivo essencial para entender o futuro dos anos seguintes de uma startup.*

Até então, o empreendedor busca por inovação, tecnologia, pelos primeiros clientes e fica feliz em vender mais todo dia. Ao falar sobre o futuro, o plano é atingir resultados astronômicos com um modelo de negócio para alcançar mais clientes. Se não for assim, é necessário mudar, pois o fundador não pode investir sem pensar nesse dinheiro retornando daqui a alguns anos.

O empreendedor que se cerca de números, teses e já tem uma base que comprova sua visão de mercado pode chegar muito mais forte e com uma grande chance de sucesso à uma rodada de investimentos. Sua previsibilidade será de crescimento sustentável e o cliente pode ter lucro e resultado com a entrega daquilo que deseja. Então, é fundamental entender um pouco mais sobre o futuro para entrar na fase da escala e buscar investimentos, pois mais dinheiro significa dominar mais rápido o mercado.

O *product market fit* é extremamente importante para o futuro, para expansão e para o crescimento contínuo, ou seja, o que vai diferenciar o destino de um *startup* entre vida e morte. Ter o produto ajustado no mercado muitas vezes é o que separa uma *startup* muito bem-sucedida de outras inúmeras empresas que apenas vivenciam um bom momento, mas se tornam desinteressantes para os próximos anos.

> *Não dá para seguir em frente com um produto que não funciona. Se ele não serve e mais parece um sapato que não encaixa, não adianta insistir. O produto tem que ser bom!*

Afinal de contas, por que sua empresa existe? Por que ela é necessária? Por que não devo cancelar o serviço no final do mês? Por que que eles são essenciais para a operação? Os resultados respondem a todos esses porquês mês a mês!

Por outro lado, não adianta o produto ser bom e não dar o retorno como investimento. Ele precisa ser viável, tecnicamente operável, oferecer as informações desejadas e trabalhar em conjunto com o cliente para resolver sua dor. A *HubLocal* está posicionada para realizar o desejo do mercado e aumentar ligações e rotas de tráfego para as lojas. Esses são resultados concretos entregues para os clientes todos os dias.

No início, pivotamos muito por não ter o perfil de cliente ideal bem definido. Enfrentamos vários problemas ao assumir muitos clientes porque queríamos vender um produto para pessoas que não enxergavam valor nele.

Apesar da *HubLocal* crescer de 10% a 20% ao mês, esse número poderia ser bem maior se fossemos ouvidos por mais empresas em nosso mercado. Tenho certeza de que teríamos mais clientes se eles tivessem a oportunidade de nos conhecer. Ao escutar nossa proposta, em poucos dias iriam adquirir nosso serviço.

Por essa razão, a *HubLocal* está focada em participar de eventos, realizar campanhas de *marketing* na *internet*, contratar mais vendedores etc. Sabemos que o nosso argumento é bom e o nosso produto é campeão! Depois de dezenas de milhares de empresas, ainda vendemos muito, mesmo sem ter começado com muita tecnologia.

Estou convicto de que o produto é bem formatado e tem incríveis diferenciais da concorrência. Temos um poder de entrega que vai muito além da operação e atinge resultados, e não é apenas uma simples plataforma na qual as empresas sincronizam os seus dados nos mapas e listas da internet. Entregamos o produto campeão que atrai compradores todos os dias para os nossos clientes!

Oculto, por Felipe Caezar:
Pivotagem - Adaptação e Ajustes

> "É fundamental Pivotar. Pivotar é girar, adaptar, mudar a direção, a abordagem do negócio para se ajustar ao cliente e à demanda do mercado. Pivotar não é desistir, é fazer as peças se encaixarem."
>
> **(Túlio Rios)**

Muito já falamos aqui sobre *pivotagem,* mas, afinal de contas, o que é pivotar?

Pivotar é um termo que vem do inglês "pivot" e significa, em português literal, "*rodar em volta do mesmo eixo*". O termo sugere uma mudança de 180° em torno da mesma ideia de negócio – mudar a estratégia, os processos, o atendimento e o que for necessário. Qualquer viés do negócio que precise de adaptação para encontrar-se com o *fit* de mercado.

O momento da *pivotagem* é aquele em que o empreendedor começa a validar o seu negócio. A partir dele, surgem as primeiras vendas.

Até aqui, o produto já foi totalmente desenvolvido, já passou pelo processo de ideação, validação e chegou na fase de vendas. Nessa hora, o dono da *startup* costuma pensar que tem o negócio perfeito na mão, que tudo dará certo e logo ele terá sucesso.

O problema é que muitas empresas não conseguem subir para o outro nível de consumidores além daqueles iniciais. Não conseguem alcançar um mercado maior pois acreditam que, se o produto vendeu bem, basta continuar operando da mesma forma e seguir vendendo. Todavia, o mercado de escala capaz de fazer uma *startup* prosperar de fato não depende somente de um tipo de canal ou segmento, porque dificilmente se consegue escalar, tanto em dinheiro como em negócios, se houver apenas um tipo de consumidor, cliente ou canal de vendas.

Geralmente, após as primeiras vendas, o empreendedor traça um perfil de cliente que muitas vezes não é o bastante para fazer o seu negócio prosperar. Logo, ele começa a travar pela dificuldade em vender para outro segmento e descobre que o produto não é tão bem aceito no mercado quanto se imaginava. É um verdadeiro choque de realidade!

Esse choque abre dois caminhos no empreendedorismo. No primeiro, o empreendedor se apaixona pela ideia. Ele acredita muito no produto já vendido e validado e decide não mudar mais nada em seu negócio porque confia cegamente em sua solução. Persiste por tempo demais, até o ponto de o negócio não prosperar e morrer em um curto período por falta de dinheiro.

No segundo caminho, há o perfil de empreendedor que checa os números e avalia o que é executado. Ele sabe a hora de parar e tomar uma atitude para evitar a falência do seu negócio. Uma mudança de rumo não significa necessariamente transformar o produto por completo, mas sim alguns detalhes dentro do modelo de negócio e na operação – é isso que se chama de *pivotagem*. O empreendedor ajusta a sua empresa a fim de obter um resultado diferente.

ESTAÇÃO 23: PIVOTAGEM

A necessidade de pivotar é exatamente aquela de destravar uma *startup*, pois não é apenas a mudança drástica que permite solução. Muitas vezes, alguns pequenos ajustes são capazes de trazer o que é realmente necessário para a empresa. É uma sutil mudança de direção ou um detalhe dentro da operação que começa a fazer sentido na realidade dos clientes.

Existe um momento certo para pivotar uma startup. Costuma ser quando a empresa tem um gráfico de vendas e de faturamento que não apresenta um crescimento exponencial, por exemplo. Se o crescimento estagnou e o gráfico de faturamento do mês oscila, a empresa não consegue subir para o próximo nível. Esse é o momento chave de pivotagem!

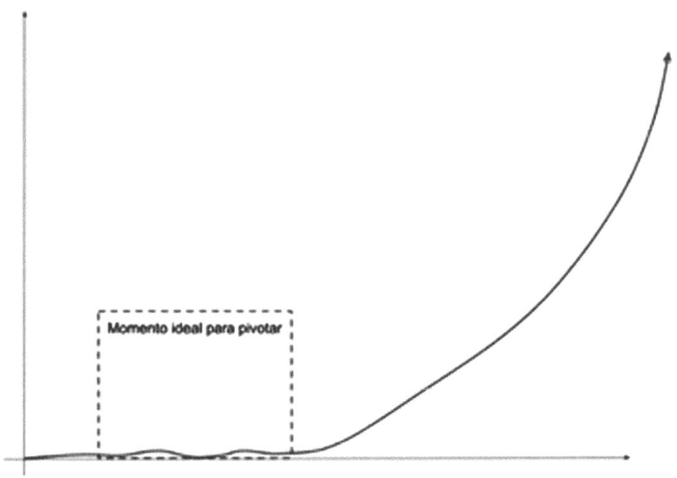

Esse conceito pertence ao universo das *startups*, mas poderia perfeitamente ser aplicado ao mercado tradicional, no qual a maioria das empresas têm um faturamento estagnado ou até em queda e não muda seu modelo de negócio. Elas precisam pivotar, porém, são tradicionais e conservadoras demais para se adaptar.

> *O período ideal para pivotar é quando a empresa se encontra naquele momento chamado de Vale da Morte, pois é exatamente quando a maioria das empresas chega ao fim.*

Ao encontrar um produto que realmente se encaixa e tem resultado, a empresa escala e segue em crescimento contínuo. A HubLocal, no primeiro momento da escala, cresceu em torno de 1.000% no primeiro ano e agora cresce por volta de 10 a 20% ao mês de maneira ininterrupta.

O cenário é muito claro. A empresa que resiste e escolhe não pivotar sempre entra no Vale da Morte e deixa de fazer sentido, pois não consegue prosperar, não cresce o seu faturamento e as despesas aumentam por questões operacionais, por inflação dos produtos e salários que podem aumentar. Não há como escapar de uma morte certa sem fazer os ajustes necessários. Por essa razão, há a extrema importância de *pivotar* quando os números não estão evoluindo.

A pivotagem pode ser trabalhada em três áreas distintas da empresa. **A primeira é o modelo de negócio**. Comumente, a empresa tem um bom produto, uma boa tecnologia e uma boa gestão, mas o modelo de negócio não está adequado para o consumidor final. Isso atrapalha as vendas, o que gera baixa performance comercial e financeira da empresa.

A segunda área que deve *pivotar* é **a tecnologia**. Muitas vezes, o modelo de negócio é campeão de mercado, a gestão é a melhor, porém a tecnologia não está adequada ao produto. Aquilo que é entregue ao consumidor final não atende as expectativas e ele decide não comprar. O produto não gera valor para a vida do cliente e não resolve um problema real. Logo, a proposta não faz sentido e a venda é prejudicada. Por esse motivo, é sempre importante observar como *pivotar* na área de inovação e tecnologia.

A terceira área a ser pivotada é **a gestão do negócio**.

Se o modelo de negócio funciona, o produto é excelente e a tecnologia está de acordo, mas a gestão está ultrapassada e focada no mercado errado, a estratégia de negócio precisará ser modificada. Sem uma gestão bem-feita e sem estratégia de entrada no mercado, não há como escalar.

Ajustar uma startup nada mais é que trabalhar os três pilares (modelo de negócio, tecnologia e gestão) do negócio a fim de adaptar melhor o produto para o consumidor.

Toda startup precisa de uma série de adaptações, sejam elas financeiras ou de gestão de pessoas. Gosto muito de utilizar a técnica dos três "P's" de Marcus Lemonis: **processo, produto e pessoas**. Tudo o que se faz dentro de uma empresa está incluído aqui. Então, o empreendedor tem que identificar se o produto está ajustado ao mercado e com o preço correto, se o processo consegue realizar a entrega para o cliente final e se a equipe conta com as pessoas certas para aquele negócio.

A pivotagem exige que os empreendedores avaliem os três "P's" de forma constante, pois a adaptação será necessária em vários momentos durante a trajetória da empresa. A HubLocal tem uma centena de funcionários em vários setores. Em algum momento, um desses setores apresentará um problema que precisará de ajustes. Essa é a hora de pivotar o setor. Nem sempre é necessário pivotar toda a empresa, pois se apenas o comercial precisa de mudanças, por exemplo, os ajustes serão feitos para que consiga gerar o resultado que é esperado dele. O empreendedor deverá se concentrar em fazer a mudança dos três "P's" naquela área específica.

Pivotar determinados pontos da empresa, setores ou até detalhes da produção pode ter um excelente impacto de resultado positivo para o negócio, que decolará. Aquele problema que vinha reduzindo a performance ou aquele setor que estava com problema logo voltará a funcionar bem.

Existem várias empresas no mercado que precisam mudar a sua gestão e *pivotar* seu negócio para evoluir. Geralmente, essas empresas são as mais maduras e com mais tempo de mercado, porém, são também as mais tradicionais, e justamente por serem mais longevas, surge uma grande dificuldade em realizar qualquer modificação.

Quanto mais visão gerencial ou empresarial o empreendedor tiver, mais fácil será para ele se adequar ao modelo de pivotagem. A capacidade de mudar e não "engessar" o seu negócio é essencial para não se fechar à novas ideias.

No Brasil, temos um mercado formado em sua maioria por micro ou pequenas empresas. A dificuldade que enfrentamos no contexto brasileiro é que a maior parte desses empreendedores não conseguem inovar e são resistentes a mudanças. Para eles, é um desafio muito grande pensar fora da caixa. Por essa razão, a maior parte dessas empresas não têm sucesso.

> *Uma quantidade mínima de empresas no Brasil realmente consegue evoluir até chegar no estágio de um grande negócio.*

Claramente há uma dificuldade que representa uma barreira da gestão do pensamento. A visão do empreendedor brasileiro é superficial, sem querer generalizar, e a maioria não consegue ter a mente aberta o suficiente para implementar novas soluções e identificar pontos que precisa modificar. Além disso, também não possui um controle emocional e costuma se apaixonar pela ideia, sem focar no mercado ou no cliente final, empreendendo de forma passional. Dificilmente está disposto a fazer os ajustes – que são vitais para o negócio – sendo incapaz de se adaptar.

A maioria das empresas não está apta a atravessar o longo processo de ideação, crescimento e maturação. Preferem copiar a ideia de algum concorrente e acham que apenas fazer igual e colocar à venda é o bastante para alcançar o sucesso. Estão dispostas a esperar que o cliente se adeque e seja milagrosamente convencido de que realmente aquele é um bom negócio. A maior parte dos empresários brasileiros são apaixonados pelas suas ideias e preferem esperar um reconhecimento pelo seu "brilhantismo" do que buscar uma visão ampla e realista do mercado.

Uma coisa que nós, empreendedores, precisamos entender: o nome empreendedor existe porque empreendemos na dor, mesmo assim muitas vezes nos esquecemos de focar na dor do outro e não só na nossa, na dor do cliente, do consumidor, no problema do outro, em tudo aquilo que ele quer resolver, aquilo que ele quer gerar de valor para a vida dele ao consumir aquele produto ou serviço.

O Brasil é um país muito afetado pela falta de informação. O nível de escolaridade da maior parte dos empreendedores está bem abaixo de outros países mais desenvolvidos. O conhecimento é o que permite às pessoas ajustarem e pivotarem o seu negócio de acordo com a necessidade de mercado. Sem esse conhecimento, essa adaptação se torna mais difícil e passa a depender muito do "*feeling*" de cada um.

Apesar dessa realidade desfavorável, existem alguns *cases* de *pivotagem* bem-sucedidos nas *startups* brasileiras. A *Loft* é uma empresa imobiliária de compra e venda de imóveis. Em 2020, seus empreendedores perceberam que não ganhariam escala caso continuassem com o seu modelo de negócio. A saída encontrada por eles foi abrir a plataforma para anúncios de terceiros e apostar no modelo de *marketplace*. Foi uma grande adaptação no seu modelo de trabalho e ajuste para o seu produto.

O modelo de compra e venda foi uma forma de entrar no mercado e criar um relacionamento com imobiliárias e clientes. Porém, havia uma ambição grande para que a empresa crescesse de forma exponencial. Para isso, era preciso que o modelo de negócio inicial fosse *pivotado* e ganhasse novos recursos para se ajustar ao mercado e alcançar mais clientes.

Outra *startup* de sucesso bastante conhecida é a *Loggi*. Ela oferece um serviço de entregas via motoboy que conecta estabelecimentos e pessoas físicas a entregadores cadastrados. Essa empresa também teve seu processo *pivotado*, um exemplo de como a maior parte das empresas brasileiras não tem problemas na sua tecnologia e nem na gestão, mas no modelo de negócio. O grande segredo é inovar e *pivotar* nessa área até encontrar a melhor solução.

A *Loggi*, por exemplo, deixou de atender os consumidores finais, embora a ideia deles fosse sempre entregar de tudo para todos. Além de passar a atender às empresas, uma grande mudança foi o processo de nacionalização. Para entregar no interior do Maranhão, era preciso uma estrutura muito elaborada com centros de triagem, mas em 2016 o seu produto nacional correspondia a 1% da receita, e hoje representa 94% do seu faturamento. Eles tiraram o foco do consumidor final para fazer parceria de entregas com as empresas. Consequentemente, o produto deles também mudou ao sofrer alguns ajustes para que dependesse menos de uma infraestrutura tão complexa.

Afinal de contas, qual seria o passo a passo para trilhar um caminho de sucesso ao *pivotar* uma *startup*? Acredito que **o primeiro passo** é identificar **o momento certo** em que a empresa, determinado setor ou algum detalhe da operação não esteja funcionando.

O segundo passo é **mapear muito bem o centro do problema**. Por exemplo, devo atacar o modelo de negócio, a tecnologia, o produto, ou até mesmo mudar o meu método de gestão e a estratégia de mercado que trilhei para aquele negócio? Essa análise deve ser feita de forma muito cuidadosa e criteriosa para perceber qual é realmente o centro do problema.

Na HubLocal costumo dizer que não devemos colocar os problemas para debaixo do tapete. A resolução de um problema pode ser o passo necessário para pivotarmos um setor ou toda a empresa.

Há algum tempo, mentoreei uma *startup* cujo modelo de negócio era totalmente B2C e sem cobrança recorrente. A empresa fazia apenas vendas convencionais. No momento que percebi que o seu produto teria uma boa entrada no B2B, aconselhei que fizessem a venda direto para a empresa e passassem a cobrar mensalidades. Eles ajustaram e começaram a ter um resultado efetivo após essa mudança de rumo. O problema estava no modelo de negócio e na estratégia. A gestão precisava entender como cobrar o cliente e como abordá-lo. Além disso, conhecer quais são os canais de vendas que deveria abordar.

O terceiro passo é **trabalhar os três "P's"**. O problema está no modelo de negócio, ou no **processo**? O **produto** funciona? As **pessoas** do time são capacitadas e se adequam ao que tem que ser feito? O bom empreendedor avalia e reavalia esse quadro de maneira ininterrupta.

É preciso pensar estrategicamente para conseguir *pivotar* e resolver o problema de forma satisfatória. Todavia, para solucionar o problema, jogue fora o medo ou o apego pela ideia, evitando assim engessar a empresa. Mantenha a cabeça aberta! Muitos empreendedores entram em negação. Mesmo após identificar o problema, continuam insistindo e inevitavelmente falham porque não se rendem à mudança e inovação.

Há anos, eu e o Rodrigo trabalhamos juntos e seguimos sempre aprendendo mais. Pensamos em desistir várias vezes, mas resolvemos buscar alguma mudança para sair daquele marasmo em que a empresa se encontrava. **A mudança veio**, primeiro permitindo o cliente opinar para trazer algo novo que eles enxergavam para o mercado, segundo acolher a sugestão do cliente, terceiro estudar o mercado em busca de soluções e novas tecnologias. Conclusão... pivotar!

A fase de pivotagem faz total sentido e é indispensável para toda startup. O empreendedor não pode ter medo de encarar esse desafio. Quando decidimos pivotar pela primeira vez, o nosso negócio, a HubLocal, ainda não tinha nome, não tinha marketing e tudo estava basicamente começando. Reunimos todos os nossos recursos e fomos a campo a fim de provar a ideia e realmente descobrir se aquilo era interessante o bastante para gerar um resultado efetivo em nosso negócio.

O nosso negócio passou por uma mudança de modelo e produto, e nos permitiu crescer exponencialmente durante vários anos seguidos.

O momento da pivotagem nos levou a buscar um novo nome para a empresa. Assim nasceu a marca "HubLocal". Passamos muito tempo avaliando o que queríamos de fato desenvolver e a precificação desse novo produto. Fizemos contas simples com matemática básica para identificar se o que estávamos nos propondo a fazer realmente geraria um valor financeiro interessante para a empresa. Era importante contabilizar quanto tempo e quantas pessoas precisaríamos, e os gastos operacionais necessários para identificar e analisar se o novo caminho fazia sentido.

No final desse processo, chegamos à conclusão que era hora de iniciar as vendas.

No primeiro ano, fechamos com mais de 300 clientes. No segundo ano, já saltamos para mil e, no terceiro, alcançamos quatro mil clientes. Após anos de *HubLocal*, a carteira continua crescendo e a base conta com milhares de clientes por todo o Brasil.

A coragem para pivotar, abraçar a mudança necessária fez toda a diferença.

CAPTOU?!

Depoimento de Tassiana Ribeiro

"Meu nome é Tassiana Ribeiro, sou jornalista e profissional de marketing e trabalho no grupo ***Newland*** há 10 anos. A minha história cruzou com a da HubLocal quando eu ainda estava entrando no grupo. Nessa época, o digital ainda era muito restrito a portais e sites. A empresa tinha apenas um site e esse meio era muito incipiente no mercado brasileiro.

Certo dia, fui procurada pelo Felipe para conversar sobre posicionamento no Google. Decidi recebê-lo para tomar um café e tivemos um encontro de cerca de uma hora. A sua ideia logo fez meus olhos brilharem. Ele foi muito paciente e didático como um professor para explicar o conceito. Visto que eu tinha um background no meio digital, a proposta dele não foi nenhuma loucura para mim, mas os empresários tinham dificuldade para entender conceitos como posicionamento e otimização.

A proposta de Felipe era que todas as lojas do grupo tivessem posicionamento não apenas no Google, mas em todas as plataformas digitais. Confesso que entendi o que era sua ideia, mas não tive a dimensão do quão importante ela seria no futuro. Depois que acabaram as páginas amarelas, como o meu cliente iria me achar na internet? Ele teria que procurar até encontrar o site da empresa. Tudo estava começando e o cenário era ainda muito cru.

Com ajuda do Felipe, pude compreender o quanto aquele serviço poderia melhorar o fluxo de ligação e rota. O grande passo agora seria levar aquela ideia até a minha diretoria. Eles confiaram no julgamento do setor de marketing e optaram por contratar o serviço e escolhemos algumas lojas como piloto. Tivemos sorte de contar com bons fornecedores no início do crescimento do digital.

A HubLocal esclareceu o que estava acontecendo no mercado e o que eles podiam fazer pela empresa. Esse serviço estava chegando no Brasil, mas no Ceará ninguém além deles estava atento a essa oportunidade. Eles tinham interesse no grupo por ser uma empresa grande, que lhes daria visibilidade e desejavam que fôssemos seu primeiro cliente. A visão de negócio logo se alinhou com a da Newland, que sempre deseja ser pioneira na excelência e visa melhorar o relacionamento com o consumidor e ser mais facilmente achado por meio de um caminho menor. Logo, o grupo decidiu apostar e a parceria se mantém até hoje.

O trabalho deles evoluiu muito ao longo desses anos e sua participação passou a fazer parte da nossa rotina. Podemos entender em seus relatórios o quanto os clientes ligavam para as lojas através dos pontos de contato que a HubLocal fez nas diversas plataformas. Atualmente, temos também um aplicativo próprio e a equipe está crescendo. Diariamente acompanho o desenvolvimento do trabalho deles.

Quando o digital começou a crescer, o fluxo de pessoas nas lojas diminuiu e o marketing começou a sofrer uma pressão por resultados. Entretanto, os relatórios da HubLocal mudaram o paradigma internamente, pois eles mostravam quantas ligações e quantas rotas eram acionadas pelos clientes pelo celular. Podemos mostrar em reuniões que essa era a tendência do mercado para o futuro muito em breve.

As pessoas saem menos de casa, pois preferem a praticidade de pesquisar pela internet e pelo telefone. Os gerentes das lojas passaram por uma espécie de "catequização" para entender essas mudanças. Durante esse processo, os relatórios estavam sempre à mão e serviram de métrica para entender por que o fluxo estava diminuindo fisicamente.

Nossa equipe de marketing é muita enxuta, mas temos fornecedores que considero como parte integrante do nosso time. Todo o posicionamento e geolocalização do grupo é cuidado pela HubLocal e eu confio neles de olhos fechados. Tenho absoluta certeza de que estão sempre monitorando o que é melhor para o grupo e as novidades que outras ferramentas podem nos trazer. Além da confiança, sei que vou sempre aprender com eles e costumo brincar para que não nos esqueçam, já que estão crescendo tanto e a Newland foi seu primeiro cliente. Eles sempre se preocupam em assumir mais clientes sem perder a qualidade do serviço e por isso são muito confiáveis. Essa é uma qualidade bem difícil de encontrar no mercado.

Tenho muito orgulho de que eles tenham começado sua jornada junto ao nosso grupo e estejam crescendo bastante, sempre com um sorriso no rosto. Fico feliz que fomos os primeiros a apostar na HubLocal e dar visibilidade ao trabalho deles, queremos ser sempre lembrados como o cliente número um."

Tassiana Ribeiro

MAPA DAS ESTAÇÕES

HORA DO LANÇAMENTO

Capítulo 6

Investir... Em quem investe

Ignição, por Felipe Caezar:

Por que captar Investimento Anjo

"Se você está preparado para investir em uma empresa, então deve ser capaz de explicar o porquê de forma simples, para que até um aluno do sexto ano consiga entender, e rápido o suficiente, para que ele não fique entediado"

(Peter Lynch)

Geralmente, uma *startup* tem quatro fases. A primeira é a **ideação**, que significa o início da empresa, quando se tem uma ideia. Em seguida, vem a fase da **validação**, em que o empreendedor testa o mercado, faz suas primeiras vendas e recebe o *feedback* dos primeiros clientes. Há também a fase da **tração**, para começar a vender o negócio, torná-lo repetitivo e deixar o mercado sentir o produto de fato. Por último, existe a fase de **escala**, que representa o crescimento.

O investidor anjo, como o próprio nome já sugere, é o primeiro investidor de uma *startup*. Ele é como um anjo que veio do céu para ajudar a empresa a crescer mais rápido e dar o seu primeiro impulso no mercado de inovação. Geralmente, esse tipo de investidor entra em negócios que já se validaram e estão iniciando o processo de tração. É nesse momento que ele aplica um primeiro aporte na empresa.

Quando se tem pouco dinheiro investido, a empresa progride devagar e pode levar muitos anos até tornar sua ideia realmente rentável. O investidor anjo tem como principal função acelerar esse processo.

O ecossistema de inovação como um todo tem fases de investimento dentro do mercado de "*Venture Capital*", um termo em inglês que significa se aventurar e arriscar o capital em uma solução que ainda vai provar o seu valor.

ESTAÇÃO 24: CAPTAR INVESTIDOR ANJO

Existem diversos modelos de captação e rodadas de investimentos dentro de uma *startup* e o investidor anjo é apenas a primeira fonte na qual se inicia todo o processo.

Mas, afinal de contas, quem é que pode ser esse investidor anjo? O primeiro perfil que se deve ter em mente é de pessoas que participam de grupos de investimento específicos para *startups*, porque geralmente eles entendem como funciona o mercado de inovação. Eles investem em grupos e se diluem. Logo, é possível ter mais de um investidor, não precisa ser apenas um.

Além disso, o modelo ideal de investidor é aquele que entende o mercado e já tem algum "*track record*", algum histórico passado, seja como executivo de mercado ou como investidor de outras *startups* que obtiveram sucesso. Às vezes, é um empreendedor que já teve outra empresa, vendeu e agora tem o dinheiro à disposição para investir em novas *startups*. Esse perfil de investimento é conhecido como "*Smart Money*", ou seja, além de investir o recurso financeiro que a *startup* *precisa*, os investidores também investem seus conhecimentos prévios para o sucesso.

O investidor anjo também procura um perfil específico de empresa. A startup que já validou a sua ideia e está começando a demonstrar os seus primeiros sinais de tração é o modelo ideal. Principalmente se o negócio for disruptivo e tiver boas maneiras de entrada. Vale lembrar que um negócio que valida e traciona, mas está no meio de um oceano com muitas outras startups oferecendo o mesmo serviço ou produto dificilmente chamará a atenção de um investidor, visto que não possui destaque naquele setor. É preciso ter boas ideias das quais pouco se ouviu falar para chamar a atenção.

No percurso de captação de um investidor anjo, é preciso sair da zona de conforto e entender que situações inesperadas e adversas podem acontecer muitas vezes. Na HubLocal, quando ainda estávamos na fase de submeter o negócio para esses grupos, conversávamos bastante com potenciais investidores, até que surgiu um investidor individual. Ele afirmava ter interesse em apostar na nossa startup, mas sempre tinha algum imprevisto na hora de fechar o investimento. Passou três ou quatro semanas dando desculpas e nunca investiu em nossa empresa. Aquilo foi muito frustrante.

Também aconteceu de outro investidor querer fazer o investimento todo da HubLocal. Ele queria injetar 500 mil reais! Segundo ele, poderia dispor desse dinheiro tranquilamente e tudo indicava que teria mesmo essa capacidade de investimento. Entretanto, ele foi acusado pela Polícia Federal de sonegação de impostos e nós escapamos de nos envolver em um grande problema.

Por último, lembro de um investidor de outra região, fora do Brasil, que se interessou em nosso negócio. Perguntei de onde viria o seu recurso. Geralmente, deve-se fazer essa pergunta para uma pessoa individual que vai investir. Ele apenas respondeu que viria da venda de produtos para o governo. Questionei que "produtos" seriam esses, mas ele se negou a esclarecer. Logo percebi que ele estava interessado em lavar dinheiro em nossa empresa e rapidamente rejeitei a oferta.

Diante dessas três histórias, entenda que se deve ter muito cuidado na hora de escolher o investidor, pois ele estará contratualmente ligado a você. Ele estará amarrado a você!

> *Pense bem quando for estabelecer a relação com o investidor, pois fazer a captação com pessoas ruins pode prejudicar muito o seu negócio. Não se trata apenas do dinheiro, é preciso saber escolher bem o investidor.*

Quando a HubLocal começou a validar o negócio, depois de pivotar e ajustar para o mercado, nossa ideia passou a fazer sentido. A partir desse momento, enxergamos a necessidade de realizar uma captação de investimento, porque acreditávamos que tínhamos um bom negócio nas mãos. No entanto, sem o investimento apropriado, demoraria muito mais tempo para chegar aonde seu potencial apontava. Era um negócio que, ainda no início, já me fazia perceber seu grande poder de escala em todo o Brasil e em outros países. Era uma oportunidade de negócio internacional.

A HubLocal era como uma "formiguinha" no meio da selva. Visitava os clientes um por um e vendia o nosso negócio localmente, mas identificava uma boa recepção do mercado. Depois das primeiras vendas, eu e Rodrigo sentíamos a convicção de que aquele negócio era escalável e que realmente já tinha provado o seu valor.

Depois de certo tempo, chegamos próximos a um faturamento médio de 30 mil reais por mês. A maioria das *startups* não chega a esse nível, ficam em um valor menor ou morrem no meio do percurso quando não conseguem validar a sua ideia e não têm mais recursos para continuar. Dessa forma, o projeto acaba sendo engavetado no final. A HubLocal estava superando as expectativas do mercado. Estávamos vendendo e colocando mais clientes para a base. Nessa hora, ficou claro para nós que poderíamos captar investimentos para acelerar o crescimento da empresa.

Estávamos inseridos no mercado da cidade de Fortaleza, capital do estado do Ceará. Foi onde a HubLocal iniciou e, segundo dados da Associação Brasileira de *Startups* (ABStartups), apenas 2% dos investimentos realizados no Brasil na época vieram das regiões norte, nordeste e centro-oeste. Aquele mercado não era muito propício para captação de investimento. Os empresários não tinham a experiência para lidar com o nosso tipo de negócio. Diante desse cenário, não sabia por onde começar, mas tinha um instinto que era a hora certa para a captação de recursos. Logo, acreditamos que deveríamos estar perto de quem possivelmente teria dinheiro para investir, participando de eventos de empresários. Ainda não conhecíamos bem esse mercado, mas decidimos arriscar.

Tanto eu como o Rodrigo não viemos do mercado de *startup*. Minha origem é no mercado de negócios tradicionais. No início, sequer entendíamos o que era uma *startup*! Porém, meu instinto de empresário me dizia que precisava captar recursos do investidor que tem dinheiro. Então, fazia sentido para nós participar de eventos empresariais e visitar as maiores empresas de tecnologia da região para saber o que os donos desses negócios estavam fazendo e se investiriam em uma proposta parecida com a da HubLocal.

Logo me deparei com empresários que simplesmente não estavam aptos a fazer investimento em negócios que fogem do padrão dos que já possuem. Eram CEOs e diretores que não tinham uma visão que fosse além do seu próprio mercado. Além disso, reparei que esses potenciais investidores de mercado não entendiam como investir em um modelo de *startup*.

ESTAÇÃO 25: DEFINIR O VALOR DE AVALIAÇÃO

Nesse tipo de negócio, não se investe para gerar lucro e dividendo a curto prazo. O modelo de *startup* é muito parecido com o modelo de ações, bolsa de valores e investimentos. Funciona como uma compra e venda de ações. A principal métrica avaliada é o *Valuation*, que é o **valor de avaliação da empresa**. O investidor compra uma ação de determinada startup acreditando que o *valuation* irá se valorizar depois de um certo tempo, lhe trazendo retorno sobre o investimento em algum evento de liquidez, como uma aquisição, fusão ou uma oferta pública no mercado de ações.

Um investimento de startup funciona normalmente a médio ou longo prazo. O retorno médio é alcançado em cinco ou até dez anos. Porém, quando se tem o sucesso, esse retorno geralmente é enorme. Os investidores anjos que apostaram na HubLocal lá atrás estão gerando hoje mais de 20 vezes o retorno do valor inicial. O investidor que aplicou 100 mil reais no nosso negócio, por exemplo, já teve o retorno de dois milhões em apenas três anos.

Esse é um tipo de investimento robusto de ótimo resultado. Que outro investimento de qualquer tipo permite um retorno de 20 vezes? Quase não existe! Vale ainda destacar que esse valor é altíssimo, mas pode ser ainda maior porque estamos no meio do retorno do investidor anjo. Com menos de três anos de rodadas de investimento, ainda há muito a crescer. A tendência é que exista um retorno ainda mais efetivo para quem acreditou e apostou em nosso negócio.

> *O investidor anjo profissional tem essa mentalidade. Ele não pensa em lucro e dividendo, pois está visando médio e longo prazo.*

Houve um potencial investidor que queria investir na HubLocal a princípio, mas optou por investir em um imóvel com estacionamento porque receberia o lucro do aluguel mensalmente e teria um resultado imediato. Anos depois, esse mesmo investidor se arrependeu e confessou que deveria ter investido em nosso negócio, mas lhe faltou visão e entendimento.

Certa vez, participamos de uma palestra e tive a oportunidade de fazer um *pitch* de três minutos sobre a HubLocal. Lembrando que um *pitch* é uma apresentação curta e rápida de uma ideia. Apresentei nossa ideia e modelo de negócio e me coloquei à disposição para captar novos investimentos. Logo em seguida, o *pitch* foi da Cordel Ventures, com a palestra do Strauss Nasar. Ele e sua empresa ajudavam *startups* a captarem investimentos. Foi o encontro perfeito!

Ao final das apresentações, pudemos conversar e apresentei a proposta da HubLocal com mais detalhes. A princípio, ele não acreditou muito na nossa ideia, mas escutou atentamente e, com algum tempo, se interessou pelo projeto. Strauss também estava iniciando a Cordel naquele momento, juntamente com o seu sócio Marcus, então estávamos todos dando os primeiros passos nesse mundo de negócios.

Construímos juntos um bom relacionamento e uma bela história! Eles nos prepararam, nos mostraram que existia um ecossistema muito forte fora do meu estado e da região inóspita onde estávamos. Nas regiões Sul e Sudeste havia uma possibilidade muito maior de captação de investimento. Existem vários grupos de investimento anjo no Brasil. Listei todos eles e submeti a HubLocal aos que considerei os melhores.

ESTAÇÃO 26: ELABORAR O PITCH DECK - ANJO

A Cordel Ventures também nos ajudou a elaborar um *pitch* melhor para apresentar aos investidores. Na verdade, descobri que não conhecia e não sabia como fazer aquilo. Não sabia como "arrumar a casa" para chamar a atenção do investidor e fazê-lo se interessar de fato.

Aprendi a organizar as finanças para provar o conceito daquilo que queria demonstrar para os investidores.

Para realizar uma abordagem perfeita e conquistar o investidor anjo, é muito importante **(1) começar pelo porquê**. Deve-se entender qual o motivo daquela startup existir, qual a dor que ela pode resolver. Começar pelo problema de mercado é normalmente o melhor caminho.

O passo seguinte foi **(2) buscar uma solução que pudesse ser implementada em escala e resolvesse o problema.**

Depois de compreender e expor a solução, é necessário analisar **(3) quem vai implementá-la.** Quem são as pessoas que estão por trás desse projeto? Será que elas têm a capacidade técnica para desenvolvê-lo? Os investidores fazem muito essa pergunta. Não há como entrar no mercado de medicina sem ser médico, sem ter essa capacitação. Todavia, ter um médico na sua equipe resolve o problema e abre portas.

Ter a equipe certa é fundamental para alcançar o sucesso na fase de captação de investimentos.

Com uma equipe bem formada, **(4) o modelo de negócio deve ser muito bem pensado**. Todo o processo de vendas e penetração no mercado deve ser idealizado e estudado. Inclusive, é importante saber que a inovação está muito mais no modelo de negócio do que na tecnologia em si. Quanto mais nova e disruptiva for a proposta da *startup*, mais facilmente ela entrará no mercado e seu produto terá mais chance de sucesso. Vale lembrar que toda essa apresentação deve ser feita de maneira clara e sucinta.

Depois de estabelecido o modelo de negócio, logo surgem as próximas perguntas. (5) **Quantos clientes posso atingir? Qual o tamanho desse mercado?** Para respondê-las, costumo dizer o meu lema de vida: "*Comece pequeno, sonhe grande e cresça rápido*". É importante projetar no *pitch* de venda qual o tamanho do seu sonho, compreender se ele é proporcional ao tamanho do mercado e calcular quanto tempo levará para se tornar realidade. O empreendedor espera atingir o seu mercado em quantos anos? Recomendo fazer uma previsão de pelo menos cinco anos para qualquer *startup*.

A partir desse momento, as próximas perguntas serão: **(6) Qual será a estratégia para atingir esse mercado? Como será o canal de vendas? Quanto de investimento será necessário?** Tudo isso precisa ser respondido para traçar um plano sólido e eficiente. Também é essencial mapear a concorrência para saber como está o mercado, conhecer os concorrentes e oferecer um produto diferente para mostrar que eles são obsoletos.

Por último, deve-se dizer ao investidor (7) **qual a necessidade final para fazer toda essa estratégia funcionar**. Tudo que foi desenhado nessa proposta depende de um valor investido para entrar em produção. O *pitch* ideal é curto e objetivo. Para participar de uma banca de potenciais investidores, o *pitch* deve durar entre três e cinco minutos no máximo.

A proposta de investimento deve ser feita rapidamente e de modo a chamar atenção pelo propósito do negócio e pelos resultados que já foram atingidos até o momento. **(8) O que já foi conquistado até agora?** A quantidade de vendas realizadas até então deve ser mencionada para o investidor pretendido, pois isso lhe fará sentir confiança.

> *Para um pitch de startup ser considerado excelente, Ele tem que demonstrar simplicidade, oferecer tecnologia e exibir resultados.*

Essa foi a forma que deu certo na HubLocal, pois surpreendeu os investidores na maioria das vezes. Além da simplicidade e tecnologia, estávamos com um valor de receita da empresa acima do padrão da maioria das *startups*. Isso demonstrou nosso valor em todas as bancas de investidores que participamos.

Foi seguindo cada passo desse processo que conseguimos fazer a primeira captação de investimento anjo da HubLocal. Desde então, não paramos mais de crescer.

Tivemos que fazer um bom *pitch* de venda na nossa empresa para chamar a atenção dos investidores. Começamos a enviá-lo para vários grupos de anjos em todas as regiões do país. O grupo que resolveu apostar na HubLocal foi a Anjos do Brasil. Coincidentemente, um tempo atrás, já tinha sonhado e idealizado esse grupo como potencial investidor para nosso negócio.

Há mais de 10 anos, participei do evento de lançamento da Anjos do Brasil em Fortaleza, onde apresentaram o seu modelo de negócios. Naquela época, achei fascinante, apesar de não entender muito sobre o assunto. Tudo era novidade para mim e inicialmente não consegui conceber aquela proposta tão visionária. Porém, muitos anos se passaram e voltamos a nos encontrar.

O processo de captação pelo qual a HubLocal passou foi bem interessante. Passamos por uma seleção em que a Anjos do Brasil avaliou o nosso modelo de negócios à distância, por videoconferência. Eles pediam os dados financeiros e algumas informações.

Passamos pela validação e análise de alguns potenciais investidores anjos. Em seguida, fomos chamados para participar de uma banca em uma plenária que acontecia no núcleo da Anjos do Brasil em Recife, no

Porto Digital. Lá eles reuniam todos os investidores por um período e escolhiam as *startups* em que iriam investir naquele ciclo.

Eu e Rodrigo viajamos para Recife. Chegando lá, fomos levados para um auditório com cerca de 10 *startups* se apresentando naquele mesmo dia. Todas eram de Pernambuco e apenas nós éramos de outro estado. Esperamos a nossa vez e estávamos muito nervosos para fazer esse *pitch*! Havia entre 20 e 30 pessoas assistindo.

Antes das reuniões, dos eventos e das palestras, costumava escutar os empreendedores comentarem qual investidor gostariam de encantar. Eles falavam o nome dos investidores dos quais pretendiam captar recursos para suas empresas e eu não conhecia ninguém. Não tinha nenhum tipo de relacionamento com nenhum deles.

Rodrigo estava junto comigo, me dando todo o apoio, e eu subiria ao palco para fazer a apresentação. Estava ali esperando minha vez enquanto um entrava e outro saía. Minhas mãos suaram até chegar minha vez. Fiz um *pitch* de cinco minutos para mostrar o máximo que pudesse sobre a HubLocal. Depois, tive mais cinco minutos de conversa com os potenciais investidores.

Mesmo com todo o nervosismo e a tensão de fazer a captação de investimento fora da minha região e para pessoas que tinha acabado de conhecer, a apresentação foi um sucesso. Valeu muito a pena sair da minha zona de conforto, pois boa parte dos investidores que estavam presentes decidiram apostar na HubLocal. Inclusive todos os nomes que escutei nos corredores como os melhores daquela banca. Todos acreditaram na nossa ideia e escolheram apostar no nosso negócio!

A HubLocal foi a única *startup* escolhida para receber investimento naquele ciclo. Além disso, fomos a única *startup* do nordeste a captar investimento com a Anjos do Brasil naquele ano e até hoje esses investidores estão conosco.

Propulsão, por Rodrigo Coifman:
Investir de forma inteligente

"O investimento em conhecimento sempre paga os melhores juros"

(Benjamin Franklin)

São poucas as *startups* que no início conseguem captar um grande investimento com facilidade. No começo, quando ainda estão mais focadas na construção da ideia, é possível que o recurso venha dos próprios sócios, clientes ou pessoas próximas como amigos e parentes que apostem no negócio e não sejam tão criteriosos em sua análise do risco de retorno financeiro.

O investimento Anjo é a primeira rodada para a qual uma *startup* precisa se preparar de fato quando se fala em aporte de capital como falado anteriormente na Estação 24. Geralmente, é efetuado por pessoas físicas, tais como empresários, executivos e profissionais liberais que agregam valor não apenas com dinheiro, mas também com seus conhecimentos, experiência e rede de contatos (*smartmoney*). O empreendedor precisa validar teses e tirar do papel a sua ideia.

> *O investidor precisa ter a segurança de que não está colocando seu dinheiro para que aquela empresa possa sobreviver, mas para que ela cresça mais rápido.*

Não há um valor mínimo para investir no mercado de *startups*, porém existem faixas de investimento. O investidor do tipo anjo costuma oferecer investimentos não muito altos que podem chegar a no máximo um milhão de reais.

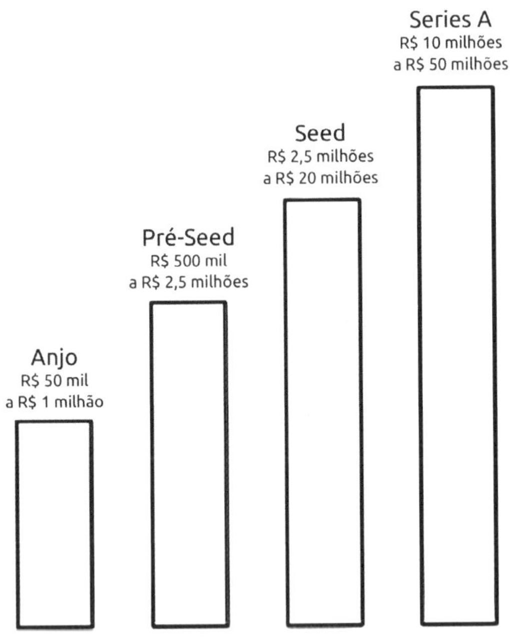

5

5 Imagem: Rodadas de investimentos de uma startup

Quando a HubLocal ainda não tinha captado seu primeiro investimento, trabalhava com dinheiro emprestado e adiantava recebíveis muitas vezes. Depois de conseguir seu primeiro investidor anjo, tinha um recurso liberado para o crescimento. Isso foi o que nos permitiu ser mais ousados.

ESTAÇÃO 27: INVESTIR DE FORMA INTELIGENTE

Precisávamos pagar melhor os colaboradores e sair da informalidade. Até então, eu e Felipe não recebíamos pró-labore, por menor que fosse. Além disso, era necessário investir na tração para trazer clientes para a empresa. Entendemos que era fundamental estruturar um time comercial e começamos a montar as primeiras equipes de vendas.

O primeiro investimento que recebemos foi de 600 mil reais com uma previsão (*runaway*) para utilizarmos em 12 meses. Nesse momento, foi muito importante não gastar tudo de uma vez e equilibrar a queima, pois poderíamos não ter mais nada no mês seguinte. Entendemos que seria muito melhor testar nossas ideias enquanto a empresa era pequena e só colocar todo o dinheiro no negócio quando estivéssemos mais maduros.

> *Ter constância é fundamental, pois o dinheiro não compra tudo!*

Formamos o primeiro time comercial e conseguimos incrementar a receita. A empresa cresceu em um ótimo nível. Também contratamos os primeiros programadores, porque ainda não tínhamos um time dedicado de tecnologia. Trabalhávamos com apenas um programador e isso nos deixava com uma entrega bastante limitada. Trouxemos um segundo programador e ficamos mais fortes, pois não ficaríamos mais dependentes de apenas um profissional — que poderia ir embora a qualquer momento se recebesse uma oferta melhor, o que não era difícil de acontecer em um mercado pós pandemia com a alta de salários e ofertas para área de tecnologia.

No time comercial, começamos a desenvolver modelos replicáveis que aumentassem o faturamento da empresa. Fizemos nosso primeiro investimento de mídia paga e os primeiros testes de *growth*[6]. Além disso, conseguimos mudar nosso escritório para uma sala maior e a reformamos para ter uma melhor estrutura.

Usamos o investimento também para profissionalizar o time. Contratamos profissionais mais capacitados e dispensamos alguns colaboradores. Todos os setores tiveram suas equipes reforçadas, inclusive o departamento de recursos humanos, que recebeu um profissional em tempo integral, quando antes atuava apenas um ou dois dias por semana com prestação de serviços terceirizados.

Depois de um tempo, fizemos uma importante descoberta: se a HubLocal conseguisse atingir uma boa expectativa de crescimento em um curto período, provavelmente seria mais fácil captar dinheiro nas próximas rodadas. Pela primeira vez, provamos que os 600 mil investidos podiam retornar para os investidores em menos tempo e em um valor muito maior do que esperavam. Ao completar um ano, conseguimos retornar aos investidores até sete vezes mais que o investimento inicial.

6 Growth, o termo vem do inglês e significa crescimento, algo que muitos profissionais e pequenos negócios buscam.

O primeiro investimento requer muita responsabilidade porque a *startup* ainda não tem um histórico de receitas e crescimento. Sempre há receio de se gastar todo o dinheiro e não conseguir provar que a empresa cresceu com o valor investido. Por outro lado, o empreendedor não pode ficar paralisado pelo medo de falhar.

> *O empreendedor precisa ser ousado! Esconder o dinheiro dos investidores embaixo do travesseiro não o fará crescer mais rápido.*

ESTAÇÃO 28: RETENÇÃO DO CLIENTE

O empreendedor precisa entender que não conseguirá resolver todos os problemas da sua empresa com o primeiro investimento anjo. O ideal é direcionar os esforços para tudo aquilo que é capaz de atrair e reter o cliente. São esses números que serão analisados a fim de julgar se o negócio teve ou não êxito. Logo, não adianta usar todo o dinheiro em tecnologia, mas não vender nada para ninguém, ou atrair novos clientes e continuar perdendo antigos clientes todos os dias.

Ser ousado não significa ser imprudente ou irresponsável (Estação 7). O empreendedor deve agir com muita calma e inteligência no início, para crescer de maneira gradual.

É preciso estruturar e acompanhar os seus *Unit Economics* ou Unidades Econômicas, que são as métricas preferidas para mensurar esses resultados. Seguem alguns desses indicadores:

Custo de Aquisição do Cliente (CAC)	É a soma dos valores investidos para trazer um novo cliente, dividida pelo número de clientes conquistados em determinado período. CAC = Custo total para aquisição de clientes/ Total de novos clientes.
Valor de Tempo de Vida (Lifetime Value)	É o valor que um cliente rende ao longo do seu ciclo de vida em um negócio, ou seja, da sua compra até o seu cancelamento. LTV = Ticket Médio x Média de Tempo de Retenção de um cliente
Taxa de Cancelamento (Churn Rate)	É o indicador que mede quantos clientes a empresa perdeu em determinado período de tempo. Churn % = (1/total de clientes perdidos) x 100
Retorno sobre o Investimento (ROI)	Com esse valor você consegue visualizar claramente se a operação comercial está dando resultado, ou seja, se o ROI está sendo positivo ou negativo. ROI = (Receita Bruta - CAC)/CAC

ESTAÇÃO 29: "QUEIMAR CAIXA"

Após sentir segurança e notar um padrão de comportamento, é hora de ousar "queimar mais caixa" nesse plano. Todavia, essa queima de recursos deve ser muito bem compreendida dentro dos custos essenciais, para não consumir todo o dinheiro em pouco tempo.

O empreendedor deve sempre usar o dinheiro para investir naquilo que trará mais receita, porque os investidores não estão tão focados nos custos. Na verdade, eles estão observando se a empresa continua trazendo novos clientes. Dessa forma, o empreendedor pode ser ainda mais ousado em seu crescimento.

ESTAÇÃO 30: OFERTA SUBSEQUENTE

A HubLocal começou a crescer muito. Com aquele investimento de 600 mil, os investidores viram o negócio aumentar tão rápido que decidiram não ser diluídos na rodada de captação seguinte (*follow on*) e ainda decidiram investir mais. A velocidade de crescimento foi o que chamou a atenção. Eles nunca imaginaram que a empresa fosse expandir tão rápido.

Porém, as *startups* geralmente não têm um time financeiro tão especializado e experiente, contando muitas vezes apenas com colaboradores preocupados com contas a pagar e a receber. Por esse motivo, não é feita uma grande provisão, um planejamento orçamentário e nem se estabelece um teto de gastos por centro de custo. É bem comum acompanhar somente o fluxo e queima de caixa todos os meses. Com a HubLocal não foi diferente. O que nos salvou foi o nosso crescimento acelerado. Então, a dica que posso dar é a seguinte:

> *Não dependa só do dinheiro do investimento inicial. Geralmente, o valor é pouco e, mesmo que você ache que é muito, ele não é suficiente!*

Quando a empresa começa a crescer, o empreendedor sente vontade de arriscar e ser mais ousado em alguns momentos. Trazer funcionários melhores, comprar tecnologias mais eficientes e investir mais em algumas oportunidades que surgem.

A HubLocal cresceu, mas gastou os 600 mil muito rápido! Nós não controlamos esse recurso tão bem, mas isso foi um aprendizado muito grande na nossa história. Acreditamos que poderíamos fazer vários investimentos com aquele dinheiro enquanto sobrevivíamos com o faturamento dos clientes. Entretanto, tudo aconteceu de um jeito bem diferente do que imaginávamos.

Os custos subiram, o salário do time de tecnologia valorizou e o dólar sofreu uma grande flutuação cambial naquele ano. Aqueles 600mil passaram a valer menos que esperávamos. Erramos na estimativa de como usar o dinheiro, pois o mercado foi muito volátil naquele momento. Percebemos que o investimento era muito pouco e sequer duraria um ano.

Nós tentamos controlar o caixa. Porém, ao mesmo tempo em que fazíamos esse controle e nosso faturamento com os clientes aumentava, também precisávamos estruturar o time. Quando expandimos a base de clientes, sentimos necessidade de estruturação de áreas como **retenção**, **expansão** e **sucesso do cliente** por exemplo. Nós focamos para que não aumentasse a rotatividade de clientes, pois, se eles entravam na empresa, era ideal que permanecessem pelo maior tempo possível.

Começamos a estruturar melhor os departamentos. Para isso, tivemos de trazer novos profissionais, pagar melhores salários, bonificações, e salas a mais para comportar todos os colaboradores. A partir dessa situação, em um ano a HubLocal já estava no vermelho e os 600 mil tinham acabado. Entramos em uma fase de endividamento!

Havia a possibilidade de estancar o sangramento da ferida e impedir o endividamento, mas fazer isso iria interromper o seu crescimento. Diante desse cenário, mostramos aos investidores que era necessário mais dinheiro para continuar crescendo. Não fazia sentido desacelerar um negócio, com potencial para crescer muito mais rápido se recebesse mais recursos. Por essa razão, decidimos insistir na aceleração até o último momento.

A HubLocal chegou no uso máximo do *investiment*! Nossos investidores tinham acesso aos números e viram que a empresa iria perder muita tração caso não conseguisse novos aportes. Teríamos que demitir funcionários e diminuir as vendas. E um negócio que é baseado no faturamento diminui sua avaliação no mercado quando perde clientes.

> *Desacelerar uma startup em ascensão é como frear foguete de lançamento com rota para a lua. Essa foi uma lição que aprendemos e passamos adiante para todos os empreendedores que estão fazendo rodadas de investimento: não peça dinheiro quando você já está sem dinheiro!*

Nós podíamos desacelerar a empresa? Sim, mas estávamos crescendo em um nível excelente. Conseguir crescer nessa velocidade é tão difícil que optamos por apostar tudo nesse negócio a fim de aumentar nossa avaliação no mercado. Se a HubLocal não tivesse crescido, sequer teríamos recebido o valor na segunda rodada. Vale a pena lembrar que se crescemos o faturamento, temos o *valuation* da empresa crescendo a cada dia proporcionalmente.

ESTAÇÃO 31: SOU INVESTIDOR

Para quem é investidor, é preciso saber se as pessoas que estão na *startup* vivem e conhecem bem o negócio que estão iniciando. Há muitos empreendedores com ideias muito boas, mas que não têm experiência no seguimento. Espera-se que os fundadores do negócio tenham a expertise e o conhecimento na sua área e não sejam apenas aventureiros. Nesse estágio é comum ouvir que os investidores não estão investindo somente na *Startup*, mas principalmente nos seus fundadores.

O investidor também deve conhecer o tamanho do mercado. A solução que a *startup* quer desenvolver tem um público-alvo bem definido? Existe mercado para comprar essa solução? Por mais que eles não tenham esses clientes hoje, poderiam conquistá-los? Existem muitos concorrentes? Será que essa *startup* não será eclipsada por uma grande empresa dominante no mercado? Todas essas perguntas devem ser feitas pelo investidor antes de arriscar seu dinheiro.

O modelo de negócio também deve ser observado. Devem se perguntar se o negócio possui receita recorrente, se tem uma boa margem de lucro e se tem *cases* bem-sucedidos. A proposta da *startup* precisa fazer sentido não apenas no mercado local, mas em todo mercado onde irá atuar. Analisar esse cenário atentamente diminui bastante os riscos.

Esse levantamento de informações é o mantra de todo bom investidor, mas fazer parte de um clube de investimentos com pessoas com várias qualidades diferentes reduz ainda mais a possibilidade de se fazer uma má escolha.

Em um comitê, por exemplo, pode haver um investidor da área de tecnologia que irá analisar e fazer as perguntas certas que um investidor da área financeira não faria. Isso também vale para outras áreas, e assim eles somam seus conhecimentos e compreendem uma *startup* de maneira muito mais panorâmica. Juntar todo o conhecimento de um time de investidores deixa o processo de decisão muito mais assertivo e mitiga os riscos do fracasso.

Pensando como um investidor, eu certamente participaria de clube e jamais investiria sozinho. Olharia para as *startups* que tem um bom tamanho de mercado, baixa concorrência, baixa complexidade de entendimento, com os fundadores resilientes e experientes em sua área de formação e atuação. Investidores tendem a valorizar muito as histórias anteriores dos empreendedores, pois entendem que, com o mercado oscilante, esses empreendedores têm capacidade de refundar o negócio a qualquer novo desafio que apareça.

ESTAÇÃO 32: SOU EMPREENDEDOR

Para os fundadores, é certeza de ter auxílio para todos os possíveis *gaps* que a empresa possua, já que existem diversos investidores com experiência multidisciplinar.

Os empreendedores precisam entender que o dinheiro "mais caro" não é o de empréstimo a juros altos ou na economia de custos. Se a empresa crescer, o maior prejuízo que se pode ter é dar um percentual do próprio negócio para atrair um novo investimento.

Investir em uma *startup* é entender que ela usará esse dinheiro para acelerar caminhos a fim de chegar mais rápido em seus objetivos impulsionada por um recurso bem aplicado. Essa *startup* provavelmente retornará o investimento muito mais rápido e até com valores surpreendentes.

Do outro lado, para o empreendedor de uma *startup*, é muito importante que esses números façam sentido para o seu crescimento e para os investidores que apostaram seu dinheiro no negócio. São essas histórias, contadas nas rodadas seguintes, que tornam a empresa conhecida.

> *Faça rodadas de investimentos que gerem boas histórias para contar, que surpreendam e que encantem novos investidores em futuras captações*

Ao trazermos investidores de clubes ganhamos *network* com outros empreendedores que podem compartilhar desafios similares aos que estamos vivenciando, além de fazer negócios complementares. Dessa forma, não há nenhum lado que perde e todo o ecossistema cresce.

HubLocal

Com todo aquele dinheiro investido, começamos a sonhar com objetivos que sequer ousávamos pensar na fase inicial. A equipe aumentou para mais de 100 colaboradores, nosso produto chegou a 10.000 estabelecimentos assinantes e fechamos mais de 1.200 contratos. Alcançamos a marca de mais de um milhão de reais por mês de faturamento.

A HubLocal começou a ser reconhecida! Fomos premiados como *startup* revelação e por dois anos seguidos como uma das três melhores *startups* do ano pela ABSTARTUP (Associação Brasileira de Startups). Também fomos escolhidos como a aposta da Distrito Awards de 2023 e considerados uma das melhores empresas para trabalhar no Brasil segundo GPTW (*Great Place to Work*) e participamos dos principais eventos de *marketing* do país como o *CMO* e o *Digitalks,* em São Paulo, e *RD Summit,* em Florianópolis, o maior evento de *marketing* da América Latina.

Esses sonhos exigiram que tivéssemos um dinheiro a mais. Apesar de não serem prioridade, são esses eventos que dão ao empreendedor uma exposição maior para conversar com grandes clientes. É dessa forma que se conquista mais alcance para encontrar melhores oportunidades. Contratar uma assessoria de imprensa e ter conteúdos publicados em veículos de comunicação também pode ser um excelente investimento e reforçar positivamente sua empresa. Para contar a nossa história em um livro como esse, contratamos pessoas mais experientes do que nós para ajudar no processo. Tudo isso é investimento, mas lembre-se de agir sempre com muita cautela, pois "*dinheiro não aguenta desaforo*".

> *Não ficar tão presente na operação permite pensar mais na estratégia para ter um maior poder de realização.*

Todos os nossos investidores recebem mensalmente um relatório com indicadores de crescimento e desempenho. Desde o menor até o que investiu mais. Eles sabem exatamente quanto temos no caixa, quanto ainda podemos gastar e quanto dinheiro já foi utilizado. Então, usamos os investimentos com muito mais inteligência e prudência. Por essa razão, hoje entendo que aqueles 300 mil da fase inicial foram muito importantes, principalmente devido às grandes lições que aprendemos.

Quanto mais o empreendedor captar, com mais responsabilidade tem que encarar esse dinheiro. Se uma empresa drena muito dinheiro, o investimento pode não retornar no tempo desejado por todos, o que reflete mal no negócio, que vai se desvalorizar com o passar do tempo. Por fim, tenha cuidado em cada rodada ao diluir sua participação no capital acionário da empresa. Existem inúmeras histórias de fundadores que venderam suas ações a preços tão baixos que tiveram dificuldades ou bloqueios para continuarem captando em rodadas seguintes, pois os investidores entenderam que os fundadores não estavam mais dispostos a investir tempo e dedicação exclusiva e necessária para a próxima etapa, já que não tinham a maior participação acionária. Ainda existe muito para se falar sobre investimento, como rodadas com fundos de *venture capital*, *private equity* e até mesmo a possibilidade de vender seu negócio para uma possível aquisição ou fusão (M&A), porém esse assunto será abordado em um outro momento.

Capítulo 7

Crescer... É bom, mas dói

Queima, por Felipe Caezar:

Como escalar, escalar e escalar...

"Mire na lua. Mesmo que você erre, cairá entre as estrelas."

(Norman Vincent Peale)

Se a empresa não é escalável, não é uma *startup*. Esse é o ponto de partida.

Mas o que é, de fato, uma *startup*? Vamos relembrar o conceito primordial: a *startup* é um pequeno negócio que tem uma grande chance de escalar em pouco tempo e, para isso, geralmente utiliza algum tipo de tecnologia embarcada.

Há vários modelos de negócios que são escaláveis. Na maioria das vezes, uma *startup* é uma empresa de tecnologia que cresce bem mais rápido do que qualquer outro negócio convencional. Conceitualmente, não existe "*startup* escalável". Ou é escalável ou não é *startup*.

Para dar aquele primeiro grande salto e se tornar média ou grande no mercado, a empresa entra em uma escala plena. A partir daí, existe uma classificação que separa as *startups* que estão começando daquelas que escalaram e funcionaram. Este último tipo é chamado de "*scale-up*", negócios que passaram pelo período inicial e continuam crescendo.

Atualmente, a HubLocal se posiciona como uma *scale-up* porque é uma empresa que já conta com centenas de colaboradores e milhões em faturamento, está crescendo muito rápido e em um volume alto, mas ainda tem muito a explorar no mercado. O negócio ainda pode crescer mais que 50 vezes nos próximos anos.

Como saber se o potencial de uma empresa é escalável? Antes de tudo, é preciso montar um modelo de negócio no qual seu objetivo final seja expansão. Por exemplo, uma consultoria de *marketing* não é escalável porque demanda muitas horas de pessoal, de atendimento, de consultoria pontual, logo não conseguirá crescer o suficiente. Escalar significa lidar com milhares ou até milhões de pessoas, de acordo com seu tamanho de mercado.

Por outro lado, há uma forma de escalar o negócio que está além do paradigma das *startups*: escalar o seu faturamento. Se não é possível ter uma consultoria que atenda mil pessoas, ela pode ser mais cara e vendida para apenas 20 pessoas a fim de obter o mesmo faturamento. Isso não é uma questão de "descoberta".

> *Ao montar um negócio, é necessário ter a ideia e elaborar um projeto que compreenda qual é o perfil do cliente e se o tamanho desse mercado é escalável.*

Na HubLocal, fizemos um levantamento do tamanho de mercado quando iniciamos o projeto e buscamos as primeiras vendas (Estação 6). Para captar investimentos, é importante fazer o mesmo como forma de demonstrar ao investidor que resultados o negócio pode oferecer. Elaboramos um estudo de mercado que listava mais de 7 milhões de empresas para as quais poderíamos vender a nossa solução e descobrimos que a nossa ideia era totalmente escalável. Em seguida, montamos o modelo de negócio, tecnologia e gestão para atingir esses potenciais clientes.

ESTAÇÃO 33: ESCALAR

O primeiro passo para escalar uma *startup* é **definir muito bem o seu produto, o seu mercado, especialmente o tamanho dele**. Por exemplo, quero montar uma *startup* que descobrirá a cura do câncer. Há um mercado escalável? Sem dúvidas, pois existem milhões de pessoas com câncer no mundo e isso é facilmente verificado com algumas buscas no Google ou em instituições de pesquisas.

Se houver um produto para atender a demanda, a empresa vai escalar, mas será preciso ter tecnologia e um modelo de negócio escalável para as vendas. Sem isso, não é possível crescer.

Em seguida, após desenvolver o produto, encontrar o mercado e começar a vender, surgem os problemas. Essa é uma etapa natural e parte do processo. Todo negócio tem sua dificuldade inicial em **entender como vender, como abordar o cliente e qual o modelo mais adequado financeiramente**. Nesse momento, acontece a **pivotagem** e quantas vezes forem necessárias. A ideia antes imaginada é reavaliada e o empreendedor busca validar o negócio.

Para uma *startup* conseguir escalar, terá que passar pelas quatro fases (ideação, validação, tração e escala), inevitavelmente. Sem respeitar o processo, dificilmente conseguirá encontrar o produto que precisa para alcançar o crescimento que deseja.

Recentemente, visitei uma *startup* com uma história incrível. Uma empresa de cursos profissionalizantes chamada *Conquer*, que tinha origem em um mercado supostamente tradicional. Eles iniciaram seu projeto basicamente construindo polos, salas de aulas, e vendendo cursos onde as pessoas tinham que se deslocar até um desses pontos para estudar.

A empresa deles estava crescendo no modelo tradicional de aulas presenciais, mas resolveram pivotar o negócio devido à pandemia da Covid-19. Os cursos foram interrompidos e eles estavam prestes a falir, porém, conseguiram encontrar uma solução e se ajustaram à necessidade do mercado naquele momento. Tiveram que pivotar durante a fase de tração e mudaram completamente o paradigma do seu modelo de negócio.

A *Conquer* teve uma ideia que considero bem comum. Porém, quando pivotaram o negócio, transformaram-se de uma empresa de cursos profissionalizantes para uma *startup* de fato. Decidiram expandir e não se dedicar somente às pessoas que moravam próximo ou na cidade onde ofertavam os cursos e se deslocavam até eles. Investiram na tecnologia, fizeram um portal 100% EAD (ensino a distância) sem espaço físico e começaram a distribuir e vender suas aulas para todo o Brasil. Assim, criaram um modelo de negócio escalável.

Eles trabalhavam no modelo B2C (*business-to-customer*), seu foco era vender diretamente para o consumidor. Todavia, durante a pandemia, perceberam uma grande oportunidade. Por que não chegar ao consumidor pelas empresas? Foi quando se tornaram um negócio B2B2C (*business-to-business-to-costumer*). Então, eles começaram a vender cursos voltados para performance, capacitação e desempenho. Tudo em casa, no modelo "*home office*". Desenvolveram um ecossistema de produtos para atender àquela conjuntura específica em transformação, com foco em vender para as empresas.

Além disso, eles começaram a trabalhar o B2B (*business-to-business*) e assumiram alguns projetos. Já tinham desenvolvido uma tecnologia inicial para começar a vender. Apesar de precisar pivotar e voltar ao modelo de validação do negócio, tudo deu muito certo e a *startup* escalou.

Uma empresa que tinha algumas centenas ou milhares de alunos antes da pivotagem se transformou em uma empresa com quase três milhões de alunos. Está presente em todo o Brasil e continua escalando rapidamente. No início, tinha em torno de 50 funcionários, mas ultrapassou os 600 depois de dois anos de crescimento. Eles conseguiram escalar o negócio de forma vertiginosa, então viraram de fato uma *startup*.

Existem alguns casos semelhantes de *startups* que iniciaram como uma empresa convencional que não utilizava tecnologia e não era escalável, mas mudaram totalmente sua identidade após pivotar. A história deles foi muito parecida com a da HubLocal. Nós tivemos uma pivotagem enquanto consultoria e, no meio do caminho, embarcamos na tecnologia e conseguimos encontrar um modelo escalável para todo o Brasil.

Um dos maiores desafios na fase de escalar é gerir o caixa da empresa. Isso não é nada fácil. Qualquer pagamento que fazemos hoje é de milhares de reais, não há mais aqueles pagamentos de 10, 50 ou 100 reais. Os montantes começam a se tornar muito grandes. São números que não existiam lá no início do seu projeto e a responsabilidade sobre eles passa a ser cada vez maior.

É muito desafiador acompanhar tudo isso e garantir um equilíbrio positivo entre o crescimento e os desafios. Ao mesmo tempo, os desafios devem ser geridos, pois muitas situações podem acontecer.

O atendimento em escala também é muito desafiador. Quando se tem poucos clientes, o próprio empreendedor os atende. Porém, dedicar-se a mil clientes por mês é outro cenário, completamente diferente. A gestão deve ser transformada para que a experiência do cliente seja mais automatizada. Para fazer isso, se fazem necessários mais pessoas e investimentos. O trabalho deve ser constante e focado em resolver problemas o tempo inteiro.

> *Costumo dizer que, se o desafio no início foi criar um negócio, agora o problema da HubLocal é se manter crescendo constantemente. Acredito muito que crescer é sobreviver.*

Atualmente, nós temos que crescer para sobreviver no mercado. A empresa que para de crescer pode vir à falência e morrer em breve.

A *startup* que se acostuma com um crescimento pequeno e medíocre pode começar a cair em pouco tempo. Portanto, crescer não é questão de mera escolha, é também instinto de sobrevivência. Diante do cenário no qual a HubLocal está inserida, temos absoluta certeza de que ainda há muito a crescer, mesmo com os excelentes resultados e ótimos números que a empresa já atingiu.

O empreendedor precisa mirar longe, porque, ao estabelecer um objetivo grande para seu trabalho e para os seus recursos, a chance de ir longe também será grande. Se não conseguir atingir aquele objetivo, garanto que chegará pelo menos na metade do caminho e terá um bom resultado. O ideal é mirar nas estrelas, mas se falhar, ainda alcançará a lua.

HubLocal

Acertamos o modelo de negócios, a tecnologia, a gestão e conseguimos fazer a primeira captação de investimento. Fomos ousados ao projetar os próximos passos da empresa a partir dessa captação, planejamos utilizá-la de maneira que nos levasse bem além do que tínhamos previsto no início.

Depois que se tem dinheiro, uma empresa que escala e tem tração, os clientes começam a vê-la de uma maneira mais tranquila, com um *product market fit* atingido. O grande desafio agora é saber utilizar os recursos em prol desse crescimento e da sua continuidade.

Assim que fizemos a primeira captação de recursos da HubLocal, foi maravilhoso! Entretanto, estávamos há muitos anos com um negócio que fazia *bootstrapping*.[7] Rodrigo e eu tivemos outros negócios.

---

7 Fazer **bootstrapping significa** começar um negócio a partir de recursos limitados, sem o apoio de investidores. Ou seja, nessa forma de iniciar startups, o empreendedor geralmente utiliza recursos próprios para lançar o negócio sem o apoio de fundos de investimento.

Fazíamos um trabalho de pagar contas que consistia em vender e pagar custos. Crescíamos com pouco recurso e por isso o usávamos com inteligência.

A primeira captação não foi enorme, mas se tratava de um recurso que nunca havíamos acessado de forma tão líquida em nossa história, até então. E aquele foi um momento de alívio muito grande para nós. A segurança financeira nos permitiu ser mais ousados.

Quando conquistamos essa captação, nosso faturamento estava em torno de 60 mil reais por mês. Em pouco tempo, dobramos o faturamento e crescemos de forma vertiginosa, a ponto de não utilizarmos os recursos durante os primeiros seis meses. Isso aconteceu porque já tínhamos um padrão de gestão enxuto com temor de gastar e preocupado em manter o caixa sempre equilibrado financeiramente.

Passamos esses seis meses com dificuldade e receio de gastar o dinheiro. Depois que tivemos um bom crescimento, um dos investidores veio até nós e falou: *"Felipe, o crescimento de vocês foi ótimo, mas não estão utilizando os recursos que captaram. Então para que buscaram esses recursos? Não foi para crescer o máximo possível?"*. Os investidores entendiam que nós poderíamos crescer mais, e estávamos segurando o dinheiro no banco. Precisávamos arriscar mais para ir muito mais longe.

Nós estávamos mirando no crescimento, mas nosso resultado era muito mais baixo do que aquilo que poderíamos atingir. Por isso, o importante é sempre pensar grande e mirar até em metas que talvez você nem acredite que irá alcançar.

> *Uma boa meta é aquela que causa frio na barriga.*

O comentário daquele investidor foi mais que um alerta, serviu de aprendizado para nós. Entendemos que tínhamos capacidade para ir além. A partir dessa conversa, começamos a estabelecer metas que ainda não tínhamos incorporado no dia a dia da empresa para buscar um aumento do faturamento. Logo, começamos a vender números que achávamos muito distantes da nossa realidade. Realizamos a preparação necessária, nos organizamos, fizemos o esforço e o investimento dentro da empresa e conseguimos chegar aonde queríamos.

> *Um grande objetivo requer muita dedicação e planejamento, mas a recompensa é muito gratificante.*

Até hoje, na HubLocal, costumo fazer isso com o time de líderes em nossas reuniões. Ao falar sobre valores ou uma meta que eles acreditam ser ideal, pergunto logo em seguida se essa meta deu um frio na barriga. Se a resposta é não, a pessoa deve voltar e revisar sua ideia. Aprendi que uma boa meta é aquela que é grande e inspiradora o suficiente a ponto de nos fazer questionar como iremos alcançá-la.

Quando a empresa começa a funcionar, é muito importante ter esse tipo de visão para o negócio dar certo. Muitos empresários e gestores não crescem como deveriam porque pensam pequeno e não vão além. Embora tenham grande potencial, eles focam apenas naquilo que os olhos conseguem ver. Manter os números sob controle e não arriscar é o que os deixa na zona de conforto no dia a dia da empresa.

Desde que embarcamos nos primeiros seis meses de captação de investimento, buscamos sair do comodismo. Colocar o pé no acelerador e a consequência foi um crescimento vertiginoso. A HubLocal terminou seu primeiro ano com um crescimento de quase 1.000%. Foi uma expansão de forma escalável durante um curto período.

Nos três primeiros anos de vida da HubLocal, a empresa cresceu rapidamente e isso foi o que nos permitiu atingir uma boa escala.

Pressão Atmosférica, por Rodrigo Coifman: *A dor do cresimento*

"Se optar pelo prazer do crescimento, prepare-se para sofrer."
(Friedrich Nietzsche)

O grande problema da maioria dos empreendedores é acreditar que sua startup continuará crescendo sempre no mesmo ritmo e não enfrentará novos desafios em diferentes fases de sua história.

Alguns empreendedores, quando chegam nessa fase, tendem a achar que devem seguir com a mesma estratégia e apenas potencializar o investimento no que já deu certo em momentos anteriores. Fazem aquela conta simples: "*basta colocar mais cana que sai mais caldo*". Entretanto, não funciona bem assim na prática.

Em pouco tempo, a HubLocal começou a enfrentar as dores do crescimento. Passamos a ter clientes em todo o território nacional e até mesmo fora do país. Os investidores agora indicavam clientes para nós. Tratar bem essas pessoas era fundamental para não afetar aquela relação de parceria. Por exemplo, se entregássemos um serviço ruim, a agenda do investidor estaria em jogo e não só a da HubLocal.

Essa situação envolvia o próprio investidor, que ficava temeroso em fazer essas indicações e ter sua imagem prejudicada. No começo, os novos investidores eram aqueles que ficavam mais receosos. No entanto, o trabalho de qualidade bem executado foi eliminando aos poucos essa insegurança.

Também começamos a trabalhar com times maiores, que estavam fora da nossa região porque não havia mão de obra, então tivemos que nos adaptar ao trabalho remoto ou híbrido. Passamos a ter um time com mais de 40 pessoas e tivemos que estabelecer supervisores. Além disso, fizemos contratações erradas algumas vezes.

ESTAÇÃO 34: IDENTIFICAR A DOR DO CRESCIMENTO

A dor do crescimento se torna real quando surgem sinais dentro da empresa de que tudo ficou muito grande e ela já não é mais como no início. Existe uma ilusão na qual as pessoas acreditam onde o crescimento em escala acontecerá sempre em condições normais e previsíveis. Entretanto, vender para mais clientes e ter uma solução tecnológica pode não ser o suficiente, e surpresas sempre surgirão ao longo da jornada.

A partir do momento que a empresa aumenta sua quantidade de clientes, os desafios também aumentam. Os clientes começam a fazer pedidos a mais e o empreendedor precisa por vezes evoluir tecnologia, ampliar time e, principalmente, preparar mais líderes, porque já não consegue acompanhar de perto tudo o que acontece no dia a dia do negócio. À medida que a *startup* cresce, seu fundador naturalmente percebe que não é possível fazer gestão como antes. Isso é o que chamamos de dor do crescimento.

Quando a empresa começou, lembro que estávamos todos sentados à mesma mesa e não era preciso explicar muita coisa. Alguém atendia o cliente enquanto o funcionário da operação escutava ao lado e o responsável do financeiro já emitia o boleto. Após um tempo, passaram a existir departamentos e os times cresceram, com pessoas trabalhando em outros locais do Brasil. Atualmente temos 30% da nossa equipe que sequer conheceu nossa sede.

Nesses grupos, logo foram formados líderes para agilizar os processos. Em um time de operação, o ideal é segmentar a base de atendimento e dividir com clareza quem cuida do grande cliente e do pequeno, quem é responsável pelo setor de saúde, quem administra os parceiros e quem lida com as grandes contas. Segmentação ajuda muito a entender qual a necessidade de cada grupo de clientes, além de priorizar a disponibilidade e entrega de serviço.

O fundador pode perceber que o cliente final já não tem mais o contato que tinha inicialmente, quando o próprio empreendedor vendia e entregava diretamente. Agora todo o processo depende de muitas pessoas, que podem, às vezes, ter dificuldade em assumir os erros, reter as informações para a alta liderança da empresa etc. Então, o empreendedor precisa estar atento ao funcionamento da sua operação.

Os custos da empresa começam a ficar muito maiores porque o número de colaboradores aumentou e os desafios são cada vez mais complexos de serem solucionados. Além disso, alguns fornecedores que não antes representavam altos custos, com o passar do tempo comprometem uma margem significativa de seu produto. Será necessária uma solução que suporte o modelo de negócio e comporte a grande quantidade de usuários que agora entram diariamente na base.

Também é preciso lidar com os "*turnovers*" de funcionários, pessoas que entram e saem do negócio depois de um certo tempo. Elas trabalham por um período, mas, de repente, recebem propostas para morar fora, trabalhar em outro lugar ou simplesmente decidem que querem mudar de área ou não tem colocação dentro da nova realidade e tamanho da empresa. Em uma *startup*, temos duas preocupações: *turnover* e aumento na quantidade de colaboradores da equipe. A expansão deve ser feita com bastante cautela para provar que o negócio tem potencial de crescimento sem acréscimo nos custos com mão de obra de forma desproporcional.

Diante disso, é importante constituir líderes abaixo dos líderes. Esse movimento de gestão gera uma hierarquia maior para atender a nova quantidade de clientes com mais velocidade. No começo, entravam entre 50 e 100 clientes novos por mês. Hoje, são mais de 1.000 empresas que fecham contrato conosco todos os meses.

Quando a *startup* começa a escalar, tudo fica grandioso. No entanto, é possível notar que, ao mesmo tempo que a empresa se torna grande, também fica um pouco mais lenta. Há uma tendência de se tornar um elefante que amedronta as pessoas pelo seu tamanho, mas não consegue correr 100 metros com velocidade para alcançar sua vítima. Portanto, o negócio ganha porte, mas perde um pouco de agilidade frente a quantidade de pessoas envolvidas e os tantos clientes que agora precisa atender.

Alguns modelos de negócios e algumas empresas de certo tamanho sofrem uma dor muito maior com o passar do tempo. Às vezes, para atender grandes contas, a HubLocal começa com um ponto de venda inicial para provar resultados e depois expandir para as demais filiais da rede. Uma rede de farmácia, por exemplo, é um cliente que precisa de atenção especial devido ao tamanho da sua operação. Às vezes, é preciso ter alguém que entenda bem o segmento para compreender as dores daquele cliente, como horário de fechamento de loja, reputação e outras especificidades.

Hospitais, por exemplo, precisam oferecer velocidade na resposta da avaliação dos seus usuários. A partir disso, o negócio precisa de determinados setores para responder a agências e órgãos reguladores. As pessoas da equipe devem estar focadas em atender aquele cliente, tanto pelo seu tamanho como pelo tipo de ramo em que atua. A empresa terá de desenvolver uma "micro-operação" para tratá-lo com mais cuidado e mais dedicação devido às características do seu segmento.

Existem ainda dores que podem mudar de acordo com o segmento em que o cliente está inserido. Se o mercado do qual o cliente faz parte apresentar muita competitividade, é preciso fazer um trabalho muito mais intenso para que ele consiga alcançar o retorno sobre o investimento mais rápido. A dor desse cliente precisa ser identificada para que se elabore um plano para alcançar o resultado pretendido. Sem isso, dificilmente o cliente terá fôlego para continuar investindo conosco.

Além disso, nosso trabalho está muito ligado à sazonalidade por região. Há lugares que registram um comércio maior em datas comemorativas ou em alguns eventos, por exemplo. Percebemos que precisamos trabalhar em regiões onde se usa a *internet* para pesquisa porque o nosso cliente está nos mapas e listas na rede. Uma cidade com pelo menos 100 mil habitantes já é uma área potencial de comércio para clientes da HubLocal.

ESTAÇÃO 35: FORMAR E GERIR EQUIPE

Quando o empreendedor está enfrentando essas dores, é muito importante lembrar que sozinho se vai rápido, porém junto se vai longe (Estação 4 e 14). Essa foi uma valiosa lição que nós aprendemos. Apesar de não ter mais a mesma velocidade de antes para tomar decisões e não ter uma equipe tão próxima, agora há pessoas espalhadas fazendo o trabalho e atendendo milhares de empresas todos os dias.

> *Um bom líder forma bons líderes e empodera o seu time.*

O bom empreendedor deve empoderar seu time para não carregar o piano sozinho. Se ele continua sendo centralizador e não desenvolve a liderança nas pessoas, elas serão eternamente ligadas e dependentes dele. Dessa forma, é provável que perca muito tempo resolvendo problemas do dia a dia e dando conselhos, e não terá a disponibilidade necessária para idealizar os próximos passos e estabelecer um bom planejamento estratégico. Ele será levado constantemente a se preocupar com o tático e a operação do negócio. Assim, a empresa inevitavelmente estacionará.

Para sofrer menos a dor do crescimento, o ideal é estruturar times e lideranças. Porém, não existe fórmula mágica. Na HubLocal, temos alguns líderes que trouxemos de outras empresas que respeitávamos, pois entendíamos as habilidades que queríamos para o nosso negócio. Entretanto, em alguns casos, trazer pessoas do mercado não resolveu. Alguns colaboradores nunca tinham trabalhado em um negócio como o nosso, que tem uma parte inédita e sem muita referência no mercado, uma vez que estamos fazendo algo novo.

Diante disso, selecionamos os novos líderes dentro da própria empresa e os formamos. Essas pessoas de dentro da "casa" estão muito mais conectadas com o negócio. Já vivenciaram aquelas dores, participaram dos altos e baixos e conhecem a história da empresa. Logo, conseguem se encaixar e fazer muito sentido para algumas áreas.

Nossa coordenadora operacional foi estagiária de um programa do governo direcionado para jovens aprendizes. Eles cursam o ensino técnico durante o último ano do ensino médio durante a manhã e à tarde prestam serviços em empresas selecionadas pelo governo. Hoje, ela é supervisora e coordena a área de operações e atendimento ao cliente. Ela foi formada dentro de casa e deu um passo de cada vez. Temos muito orgulho do quanto ela incorporou nossa cultura e acredita nos mesmos propósitos que nós.

Já na área de estratégia de mercado, trouxemos alguém como o Ismael Kolling, ex-CEO da iPlace. Precisamos mesclar um time com experiência interna e externa para trazer aprendizado de outros mercados. Uma boa estratégia é oferecer uma participação na empresa no modelo "*vesting*", onde o colaborador recebe um salário menor, porém pode receber a diferença em ações da empresa. Num possível evento de liquidez, esse colaborador pode receber uma participação que até ultrapasse a diferença de salário inicial.

Não poderíamos fazer isso com todos porque isso iria onerar muito os custos. Portanto, decidimos trazer colaboradores de fora para atender apenas àquelas demandas que não conseguimos desenvolver internamente. Já para as áreas que tiveram sucesso no desenvolvimento, resolvemos prestigiar e privilegiar quem já estava na empresa e trazia bons resultados. Em seguida, apresentávamos a eles desafios maiores.

> *Novos líderes devem ser pessoas que estejam empenhadas em formar os próximos líderes, pois é assim que cresce uma startup.*

No capítulo 18 do livro de Êxodo, da Bíblia Sagrada, há uma história que gosto muito e ensina uma grande lição para quem deseja se aventurar no universo das *startups*. Esse trecho conta sobre Moisés e seu sogro, chamado Jetro. Ele liderava os hebreus em sua peregrinação pelo deserto após fugir da escravidão imposta pelos egípcios. Os historiadores afirmam que ele cuidava de cerca de dois milhões de pessoas.

Diariamente, havia muitos problemas e Moisés já não conseguia resolver tantos conflitos sozinho. Estava exausto! Então, Jetro aconselhou seu genro sobre como gerir o povo. Ele elogiou o empenho de Moises ao cuidar de tantas pessoas, mas advertiu que daquela maneira não conseguiria ir longe, pois precisava descentralizar sua liderança e dividir o fardo de tantas tarefas e responsabilidades. Para governar com mais eficiência, precisava estabelecer líderes abaixo dele.

"Quando seu sogro viu tudo o que ele estava fazendo pelo povo, disse: O que você está fazendo, por que você se assenta para ajudar e todo esse povo o espera de pé, desde a manhã até o cair da tarde?" Moisés responde: "O povo me procura para que eu consulte a Deus. Toda vez que alguém tem alguma questão, essa me é trazida e eu decido entre as partes e ensino-lhes os decretos e as leis de Deus." Respondeu o sogro de Moisés: "Rapaz, o que você está fazendo não é bom. Você e o seu povo ficarão esgotados, pois essa tarefa é pesada demais para você. Você não pode executá-la sozinho. Agora, ouça-me: Eu lhe darei um conselho, e que Deus esteja com você: Seja você um representante do povo diante de Deus, leve a Deus suas questões, oriente-se quanto aos decretos, mostrando como se deve viver, mas escolha dentre todos os (ininteligível), homens capazes, tementes a Deus, dignos de confiança e inimigos de ganho desonesto. Estabeleça-os como chefes de 1000, de 100, de 50 e de 10, e eles estarão sempre à disposição do povo para julgar as questões. Tornarão o fardo muito mais leve porque eles o dividirão com você." (Êxodo 18:14)

Descentralizar é empoderar pessoas, embora seja preciso em algum momento monitorar e ajudar quando houver algum novo desafio. Algumas pessoas acreditam que delegar é entregar tudo nas mãos de outra pessoa sem ensinar nada ou apenas jogar a "batata quente" para alguém que sequer tem experiência. Na verdade, isso é se arriscar de maneira irresponsável e buscar o fracasso deliberadamente.

Delegar com eficiência é proporcionar pequenos desafios e enxergar dentro do time quem os enfrenta de maneira proativa.

Na HubLocal, não "damos" cargos de liderança. Quem alcança essa posição são as pessoas que já se comportam como líderes e já desempenham de forma não oficial essa função. Simplesmente ser nomeado para a função não torna alguém líder imediatamente. Buscamos pessoas com esse potencial e interesse, para então capacitá-las.

ESTAÇÃO 36: VENCER A DOR DO CRESCIMENTO

Para vencer a dor do crescimento, é fundamental **ter acesso a dados**. Tomar decisões baseadas em achismos, em experiências passadas ou apenas em "*feeling*" pode ser muito perigoso e arriscado. Quando a base da empresa está crescendo em uma velocidade muito alta, nem sempre as verdades que foram construídas no passado são as mesmas do futuro. A base ficou maior, o negócio cresceu em regiões que têm hábitos diferentes e os novos produtos se comportam de forma diferente. Deste modo, é importante ter ferramentas que possam extrair informações para que um time bem orientado possa interpretá-las e gerar conhecimentos de valor.

Qual é o tamanho do cliente que tem saído da base da empresa? Quais são os motivos pelos quais ele cancela o contrato? Quem é o cliente que tem aderência para comprar mais produtos? Para responder a essas perguntas, o empreendedor tem que entender qual é o perfil de cliente que avalia positivamente e enxerga valor na sua solução.

Então, ter acesso a dados ajuda a saber se está traçando um caminho correto e se aquelas informações fazem sentido e estão de acordo com o planejamento estratégico.

Além de ter acesso a dados para a tomada de decisão, também é importante **automatizar processos** que tomem muito tempo. Vale lembrar que automatizar não significa robotizar, mas ganhar tempo sem perder a característica principal do processo.

> *Automatização deve trazer eficiência e gerar valor de acordo com a percepção do cliente.*

Por último e não menos importante, educação! **Estabelecer uma cultura organizacional** é essencial. Defino cultura dentro de uma empresa como o que os funcionários fazem quando os donos ou os diretores não estão. Eles vivem e entendem o propósito e a visão que guiam o negócio. Negligenciar esse ponto pode drenar muita energia e atrapalhar sua eficiência.

Para estabelecer essa cultura é preciso cuidar bem do processo de seleção dos colaboradores e entender se essas pessoas têm perfil para trabalhar na empresa. Não se deve analisar somente as habilidades técnicas, ou "*hard skills*", mas também as habilidades pessoais, as "*soft skills*", a fim de entender se os candidatos se encaixam dentro da vaga proposta.

Em seguida, esses funcionários devem ter uma boa chegada à empresa. Isso significa entender o negócio, a cultura, os valores, a missão, a visão, quem são os clientes dessa empresa, as áreas, quem são os líderes, como eles pensam e como funciona a gestão. Essa compreensão global é bastante interessante para situar bem os funcionários recém-contratados e garantir uma baixa rotatividade no time.

Cultura é o engajamento que leva os colaboradores a abraçar o sonho da empresa e se sentir parte dele.

Destacar a cultura meritocrática é muito importante para que assimilem que quem entrega mais recebe mais por isso, e quem entrega menos não está alinhado aos interesses da empresa, pois não é o colaborador ideal para o negócio.

Cultura forte, automatização de processos, acesso a dados e com destaque a formação de líderes que formam bons líderes, tudo isso são ferramentas que constroem caminhos para a vitória. Não há como evitar as dores do crescimento, pois elas sempre surgirão em cada nova etapa do negócio. No entanto, aprender com essas dores pode ser extremamente enriquecedor.

Crescer é bom, mas dói. Uma poda de crescimento é necessária quando a árvore está crescendo de forma desordenada – quando um galho vai para o lado errado, outro corre o risco de pesar e quebrar ou a árvore não cria uma raiz forte. No caso das plantas, existem vários tipos de poda para lidar com cada um desses problemas.

A poda é um processo que envolve cortes para que a árvore possa crescer de forma saudável. Todos nós sabemos que esse processo gera muita dor, mas isso é necessário. As podas e a dor do crescimento são fundamentais para quem quer crescer com uma raiz sólida. Os cortes geram cicatrizes, mas não há nada de negativo nisso. Essas marcas serão lembranças que o cuidado que precisava ser feito naquela árvore foi o que a fez crescer de forma saudável. Cortar no momento certo e redirecionar os galhos impede que uma falsa sensação de crescimento atrapalhe ou até mesmo impeça um crescimento real, sólido e inabalável. Funciona da mesma forma com as nossas equipes. É preciso reconhecer quando há um time com gente demais e onde a operação está ineficiente.

A área de Sucesso do Cliente é muito nova dentro das empresas. Tempos atrás, se falava em serviços de atendimento ao consumidor, mas esse termo recentemente passou a definir uma nova área, os colaboradores que representam o cliente dentro da operação.

Por ser uma área nova onde não tínhamos vivência, decidimos trazer um profissional experiente e acreditamos que estávamos fazendo a melhor escolha. Contudo, o setor não evoluiu e não gerou o resultado que queríamos. Na verdade, nossas taxas de cancelamento aumentaram, o que gerou preocupação com a nossa base de clientes. Logo, tentamos descobrir se o problema era com a funcionária ou com a empresa.

> *O empreendedor tem que tomar decisões todos os dias e é responsável pelo resultado de cada uma delas.*

Para solucionar esse problema, decidimos entregar o setor a um dos colaboradores da empresa ao invés de trazer alguém do mercado novamente, pois ninguém entenderia melhor esse cliente do que as pessoas que já trabalhavam com ele há muito tempo e ouviam diariamente as suas dores. Alguém que sabia os hábitos desses clientes e já teria um relacionamento com eles. Portanto, não havia ninguém melhor para assumir esse cargo do que um dos nossos próprios funcionários. Esse foi um grande aprendizado para nós.

Buscar alguém mais experiente vindo de fora por acreditar que certa função é muito específica, rebuscada e técnica não foi uma decisão tão inteligente. Escolher alguém do lado de dentro foi uma escolha muito mais acertada. Adquirimos essa experiência e compreendemos que foi uma dor do crescimento. Estávamos convictos no começo, porém vimos que não era uma solução eficiente quando a colocamos em prática.

O colaborador escolhido nunca tinha trabalhado nesse setor, mas se saiu muito bem. Não tinha experiência, mas sabia representar fielmente o que o cliente queria e buscava da HubLocal, e essa qualidade foi essencial para o desempenho a função. Toda essa história foi um marco dentro do nosso negócio e um grande aprendizado para nossa gestão.

Capítulo 8

Sucesso... Semente que se espalha

Entrar em Órbita, por Rodrigo Coifman:

Como captar Investimento Semente

"O que te trouxe até aqui é o que vai te levar adiante."

(Pedro Cordier)

Investidor semente é aquele que não aposta mais em ideias. Ele não coloca seu investimento em empreendimentos não testados, que ainda não provaram ao mercado que podem atrair clientes interessados em pagar pela solução proposta.

Enquanto o investidor anjo pode ser um amigo, um familiar ou alguém que suporta um risco bem maior e incentiva com um baixo valor, o investidor semente oferece um recurso maior e apresenta algumas exigências. Ele busca entender o motivo pelo qual a empresa quer captar novamente e se conseguiu avançar após o investimento anjo.

Essa análise é decisiva para o investidor semente, que escolherá se continua a investir nesse tipo de negócio. Ele irá observar atentamente se há um crescimento no qual se pode plantar algo para colher no futuro – daí a origem do termo. A *startup* amadurecida deve crescer de forma mais acelerada do que uma ideia que ainda não se provou concreta.

O investidor anjo se trata de uma pessoa física, e o investidor semente está normalmente ligado a grupos de investimento que também podem ser divididos e chamados de "pre-*seed*" *e* "*seed*" – semente, em inglês.

O primeiro está mais suscetível a riscos e, para atraí-lo, não é preciso necessariamente ter um produto desenvolvido, testado, validado e tracionado. Ele está muito mais voltado à aceleração do crescimento, da construção e da validação. Já o segundo deseja que o empreendedor tenha não apenas a validação do produto realizada, mas também uma tração, ainda que pequena, com uma base de clientes estabelecida. Ele já viu na empresa algo que deu certo e se interessa em investir em ideias que podem ser vendidas para mais pessoas.

Na escala de investimentos, o investimento seed é considerado o segundo nível acima do investidor anjo ou pre-seed.

ESTAÇÃO 37: CAPTAR INVESTIDOR SEMENTE

O investidor semente costuma se encantar por negócios que tenham tamanho de mercado e a sua classificação é muito baseada em concorrência. Geralmente questionam se há muitas pessoas interessadas em consumir o produto, se tem alguém oferecendo um produto semelhante e como a empresa está posicionada em comparação ao seu tamanho. Além disso, procuram saber se a concorrência tem um time maior, uma base de clientes maior e se tem condição de atingir esses clientes antes. A *startup* precisa apresentar um diferencial em relação aos seus competidores para conseguir captar o interesse desse investidor.

Existe mercado? O investidor semente não está preocupado com isso no início. Na verdade, ele quer mesmo saber se consegue acelerar o crescimento da *startup* para atingir esse mercado na hora certa. Diante disso, o tamanho é muito importante para decidir como fazer essa aceleração.

Por outro lado, ter mercado também é importante. Não adianta o empreendedor apresentar uma ideia que foi vendida para 100 pessoas, mas não demonstra potencial suficiente para que investidores a enxerguem sendo vendida para mil ou até dez mil pessoas. Em seguida, é preciso ter um plano de crescimento do negócio para atingir essa quantidade de clientes com o investimento que será recebido.

Geralmente, o investidor anjo investe até 1 milhão de reais para criar MVP e identificar mercado. O *pré-seed* e o investimento anjo seguem valores bem aproximados. O investidor *seed* já se sente mais seguro diante de suas exigências, análises e pesquisas de mercado. Portanto, costuma oferecer um recurso de 500 mil a dois milhões de dólares.

O dinheiro que o investidor semente consegue recuperar depende do mercado, que funciona de maneira flutuante, semelhante à bolsa de valores. Se o negócio está crescendo, há uma expectativa, porém também há riscos. Todos esses investimentos podem gerar problemas gigantescos. Então, essa não é uma expectativa garantida, mas um bom negócio que pode retornar entre cinco e dez vezes o que foi investido.

> *A rodada seed acontece quando a startup já tem um Product Market Fit estabelecido.*

Isso acontece quando a *startup* atingiu o produto ideal para o mercado, mapeou quem são os clientes em potencial e recrutou uma equipe qualificada, falta apenas o dinheiro para executar o plano de crescimento.

Naturalmente, quando a HubLocal captou o investimento anjo, havia algumas incertezas. Uma delas era se atingiríamos o resultado esperado de aumentar em sete vezes o valor de faturamento. Na época, a empresa faturava cerca de 60 mil reais por mês e existia a dúvida se conseguiríamos atingir 500 mil em dois anos.

A segunda rodada de investimentos foi diferente. Para captar os investidores semente, comprovamos nosso crescimento apresentando como batemos a meta do investimento anjo durante vários meses. Esse histórico é bem importante para o investidor *seed*, que costuma analisar todas as rodadas anteriores. Na verdade, a cada rodada seguinte, os investidores tendem a avaliar o *track record* da empresa para saber se tudo que foi prometido também foi de fato cumprido. O objetivo é enxergar nos números a prova de que existe uma tendência ou uma base de crescimento.

A HubLocal cumpriu tudo que foi projetado antes do esperado e atingiu o máximo da avaliação.

Na rodada *seed*, é fundamental preparar um modelo de crescimento. A HubLocal buscou um recurso de 2 milhões e 700 mil reais. Nosso plano foi baseado no histórico passado que provava a capacidade da empresa crescer 10 vezes o faturamento da rodada anterior. Fizemos um *pitch deck* para captar recursos e atingir novos objetivos. Para ter sucesso na captação, também estávamos dispostos a diluir um pouco das nossas ações.

ESTAÇÃO 38: ELABORAR O PICTH - SEMENTE

Para a preparação da rodada de captação, recomendamos a elaboração de três artefatos essenciais que auxiliam na atração de novos investidores para a mesa.

Pitch Deck

Desenvolva uma apresentação de apoio que traga informaçoes relevantes como dor e solução, diferenciais do seu produto, time, evolução do faturamento, participação societária e números ou gráficos que balizem a necessidade de novo capital e a maneira como será aplicado, além dos resultados e entregas esperadas após a rodada.

Business Plan Financeiro

Esse documento geralmente é feito em modelo de planilha eletrônica e mostra os seus atuais *unit economics* (LTV, CAC, Churn etc.), além de fazer projeções de crescimento de faturamento, time e custos pós rodada até o momento da captação seguinte.

Report Evolutivo

Apresentação ilustrando o crescimento de faturamento, taxa de cancelamentos, crescimento do time, queima de caixa (*Cash burn*), receita, CAC médio e LTV médio mostrando a evolução em cada indicador nos últimos meses. O ideal é ir enviando frequentemente para os novos e atuais possíveis investidores interessados na rodada para que eles possam comparar períodos anteriores e comprovar o seu potencial de crescimento acontecendo de fato e os levando a assinar o cheque mais rapidamente.

Além disso, devem ser mapeados todos os fundos que tenham sua tese alinhada à tese de crescimento da startup. Após esse levantamento, façam contatos e sugiram reuniões para apresentação. Se os investidores percebem que aquilo faz sentido, eles investem. Não é tão rápido, geralmente existem etapas como qualificação, apresentação, aprovação em comitê, levantamento de dados, reuniões específicas e muita comunicação até a famosa assinatura do documento de intenção de investimento (*term sheet*) e, assim, a efetivação por contrato.

O grupo de investidores semente naturalmente tenta diminuir o seu risco, pois investirá mais dinheiro e quer um retorno desse valor. Por isso, ao ouvir nossa apresentação, o grupo pediu balanços contábeis e financeiros, averiguou endividamentos e tudo mais relacionado à saúde financeira da empresa.

Também analisou a entrada e saída de clientes e o tamanho de mercado. Tudo isso lhe serviu como uma tentativa de garantir que o recurso investido retornará após a execução de um plano concreto por uma *startup* sólida.

Alguns fundos e clubes de investimentos no ambiente *seed* já têm um perfil de empresas nas quais costumam investir. Geralmente, são *startups* que tenham uma baixa concorrência, mas um bom tamanho de mercado e que trabalhem com ferramentas no modelo SaaS (*software* como serviço). Logo, o mais importante é encontrar aquele investidor que não ajudará apenas com dinheiro, mas também na aceleração do negócio, seja com governança, indicação de clientes e novos parceiros ou mentorias.

> *Na fase de investimento semente, o negócio é focado em crescimento. Não é mais necessário comprovar que o produto é real, o objetivo é vender para mais pessoas.*

Contratamos um grande parceiro para a função de "Relação com o Investidor". Ele fez um levantamento dos investidores que poderiam participar dessa segunda rodada, contatou essas pessoas e marcou reuniões para que pudéssemos apresentar nosso material. Realizamos tudo isso a fim de escutar deles os conselhos de como seguir no mercado e receber ajuda para nos aproximar de novos parceiros e grupos de investimento.

Surgiram várias reuniões, até que encontramos um investidor do Espírito Santo que já tinha investido em *startups* muito respeitadas no nosso segmento. Ficamos bastante empolgados, inclusive porque o cheque dele era de um recurso bem mais alto do que prevíamos inicialmente. Além disso, poderia nos ensinar muito sobre mercado, ferramentas de atração, de crescimento e sobre dores que já tinha visto em outras empresas na fase de ascensão.

Após assistirem nossa apresentação, nos convidaram para ir ao Espírito Santo para ter uma conversa mais aprofundada. Geralmente, quando se faz uma viagem dessas, o empreendedor já foi aprovado em uma fase de qualificação. Enxerguei que ele poderia ser um bom investidor e ele enxergou que a HubLocal tinha um produto que poderia escalar.

Emitimos a passagem e fizemos uma viagem de "bate-volta". Voamos na madrugada para chegar lá às 8 horas da manhã, participamos de uma reunião e voltamos no mesmo dia, pois o dinheiro ainda era muito limitado. Essa viagem me rendeu um grande aprendizado que procuro passar adiante:

> *A startup que captou o dinheiro do investimento anjo tem que se antecipar às próximas rodadas.*

O empreendedor deve gastar o aporte investido com muita sabedoria, pois o investidor até acompanha o dinheiro por meio de relatórios mensais, mas não proíbe de gastá-lo. A gestão do investimento dentro da empresa é de inteira responsabilidade do empreendedor.

A *startup* que gasta todo o dinheiro rapidamente e não traz o retorno esperado tem muitas dificuldades na próxima captação. Prometer e não cumprir pode deixar a empresa em um beco sem saída.

O empreendedor jamais deve chegar em uma relação de captação precisando de dinheiro para sobreviver. Todos precisam conseguir recursos para crescer e é assim que o jogo funciona. Entretanto, não ter mais nenhum recurso e já contar com um novo investimento é um pecado capital. A empresa deve provisionar esse dinheiro para usá-lo em um período determinado e se programar para não ser pega em total desvantagem na negociação da próxima captação.

Fomos para o Espírito Santo, os investidores adoraram, mas disseram que, para investir quatro milhões de reais, iriam diluir muito a HubLocal. Logo, havia um problema: nas próximas rodadas, teríamos um menor valor para vender e, sabendo que em um ano o mesmo percentual estaria valendo muito mais, talvez não valesse a pena diluir muito naquele momento.

Nesse cenário, havia uma *startup* precisando de dinheiro para crescer mais rápido, porém essa tese teria que ser provada. Era preciso confirmar que esse dinheiro que recebemos foi usado da melhor forma.

> *Entre plano e realidade, entre projeto e vida real, nem tudo acontece conforme é previsto. A vida é dinâmica e muito do que idealizamos não acontece de maneira exatamente igual. Ainda que se atinja o resultado, talvez não tenha sido no tempo estimado ou da forma que se esperava.*

Vimos o nosso negócio evoluir porque na primeira rodada tínhamos cumprido todas as metas esperadas. Ao mesmo tempo, ficamos tão deslumbrados com o crescimento que não percebemos que nos aproximávamos do fim daqueles 600 mil iniciais e agora não estávamos tão preparados para a segunda rodada.

Nós vivemos intensamente a primeira rodada. Crescemos, trouxemos novos clientes, estivemos imersos na operação, mas sabíamos que o nosso crescimento resultaria em uma de duas situações. Na primeira, poderíamos retrair os custos para equilibrar a empresa, mas não manteríamos o ritmo de crescimento. Na segunda, poderíamos nos antecipar e conseguir mais dinheiro para continuar a crescer rapidamente.

Existem muitos empreendedores que, na primeira rodada, gastam todo o dinheiro e não conseguem atingir o resultado esperado. Por essa razão, há tanto risco para o investidor anjo. O nosso erro foi nos deslumbrarmos com o crescimento e aquele valor de 600 mil reais, pois era a primeira vez que qualquer um de nós tinha contato com aquela quantidade de dinheiro. Crescemos muito bem, mas não nos preparamos para a rodada seguinte.

A empresa do Espírito Santo queria investir quatro milhões na HubLocal e, em troca, diluir demais nosso capital. O problema de vender as ações muito no começo é precisar de dinheiro depois de um tempo e ouvir dos investidores que o empreendedor sequer é o dono da sua empresa, que na verdade os donos são os anjos e os investidores semente. Ele passa a viver do pró-labore, mas, em porcentagem, não é mais dono desse negócio.

Desde cedo, tínhamos uma preocupação muito grande em não diluir muito no início. Diante dessa proposta alta de quatro milhões de reais, sabíamos que eles pediriam em torno de 20% do nosso negócio. Tivemos a segurança de que, se esperássemos mais um ano, conseguiríamos captar bem mais na rodada seguinte.

Quando fechamos o contrato com o investidor anjo na primeira rodada, uma das cláusulas era a seguinte: ele teria a preferência de compra na rodada seguinte. Se ele não participasse, naturalmente seria diluído proporcionalmente. Ele decidiu participar. A decisão ainda era nossa, porque ele não tinha o dinheiro necessário completo. Todavia, ele viu o nosso rápido resultado – cumprimos as metas em menos de dois anos – e considerou o recurso não tão grande. Precisávamos somente de 2 milhões.

O investidor anjo decidiu fazer a não diluição, colocou mais dinheiro na mesa e chamou três investidores novos para participar e levantar mais do que necessitávamos no valor total de 2,3 milhões de reais de investimento.

Quando o empreendedor se vicia em crescimento, ele quer continuar crescendo! Não quer mais parar de crescer!

Eles prometeram o dinheiro rápido para complementar o que precisávamos e que o processo seria muito mais prático, pois não teríamos que passar por todo aquele processo de captação novamente. Reduzir a empresa não era uma opção para nós. A HubLocal não poderia continuar crescendo sem investimento porque esse crescimento tem um custo.

Os investidores acompanhavam nossos números. Eles sabiam que o caixa estava em perigo e que já tínhamos gastado o dinheiro deles. Estavam com "a faca e o queijo na mão"! Sabiam que estávamos sem recursos e buscar captar com outras empresas em um processo demorado. No fim das contas, quem ditou as regras desse contrato? Quem venceu nessa negociação? Eles estavam em vantagem e conseguiram influenciar bastante a nossa decisão.

Ao fazer a captação anjo, prepare-se para a próxima rodada, porque, quanto mais tarde chegar nela, maior a chance de não ter muitas opções de negociação na hora que precisar de dinheiro.

Se eu chego no banco precisando de dinheiro imediatamente, o banco vai estabelecer uma carência menor e oferecer uma taxa de juros maior, visto que ele terá vantagem na negociação e poderá ditar as regras do jogo. Se eu não tiver opção de outros bancos porque não tenho relacionamento com eles, minha situação será ainda pior. Portanto, se precaver é fundamental!

Antecipe-se à próxima rodada e tenha múltiplas opções para a tomada de decisão.

Durante a segunda rodada de investimentos, a HubLocal precisava de dinheiro o quanto antes. No entanto, a entrada dos dois novos investidores no negócio teve bastante peso na nossa decisão.

Questionamos muito a nós mesmos se precisaríamos do investidor anjo na rodada seguinte. Precisávamos trazer pessoas que tivessem *network* com o nosso público-alvo, com a nossa ferramenta. O ideal seria alguém do varejo que já tivesse feito algum produto ou serviço, ou ocupado cargo de gestão em empresas do varejo, redes de contato importantes para vender ou aprender nesse mercado.

Fomos convencidos pelos nossos investidores anjo da seguinte forma: *"Se trouxermos novos investidores que se conectem e abram portas para as maiores empresas do varejo do país? Faria sentido para vocês?"*. Decidimos aceitar, pois a oportunidade de aprendizado seria riquíssima. Montamos um conselho consultivo para que os novos investidores pudessem nos ajudar no crescimento do negócio. E conforme prometido, trouxemos para o conselho dois profissionais incríveis. O primeiro Eduardo Gouveia, ex-presidente da Cielo, um dos maiores *players* do mercado de aquirencia e pagamentos do Brasil. O segundo e não menos importante, Américo Pereira, ex-presidente do Rapidão Cometa, que mais tarde foi adquirida pela Fedex, uma das maiores empresas de logística do mundo.

Hoje entendo que precisávamos daquele dinheiro naquele momento e aceitá-lo foi a decisão que fazia mais sentido para a HubLocal. Porém, aceitá-lo da forma que eles quiseram e nos submeter aos seus termos foi um dos maiores erros que cometemos. Tivemos que nos sujeitar a uma avaliação de mercado de valor mais baixo e cedemos um desconto, além da preferência de compra prevista em contrato.

O cenário perfeito para evitar tudo isso na rodada de investidor semente é com o produto validado e tracionado, e que já se vende. O empreendedor não busca dinheiro para começar a vender, mas para acelerar seu negócio e vender ainda mais. A partir de um bom plano de crescimento estruturado, ele pode convencer os investidores a oferecerem mais recursos, que irão impulsioná-lo ainda mais longe.

O empreendedor também deve verificar o tamanho de mercado para explorar e crescer dentro dele. Diante disso, é importante analisar a concorrência. Se existe alguém mais forte executando a mesma ideia, é interessante repensar uma forma de crescer mais rápido do que o concorrente.

> *Ganhar no início, mas perder lá na frente é uma péssima estratégia.*

Se antecipar e ter opções na mesa é sempre a melhor situação para o empreendedor. O ideal é chegar na segunda rodada de investimentos antes de queimar todo o capital que foi recebido na primeira rodada. Além disso, é interessante ter escolhas de pessoas a seguir nesse segundo momento, mas sem entrar nessa fase de maneira tão dependente.

Manter o equilíbrio financeiro permite que o empreendedor tome decisões melhores.

Ao Infinito e Além, por Felipe Caezar: ***Estrutura para Crestimento Rápido***

"A cultura come a estratégia no café da manhã."

(Norman Vicent Peale)

Depois que a startup faz a sua captação de investimento semente e passa a ter mais recursos, os resultados começam a aparecer. Nesse momento, os fundadores veem seus sonhos saírem do papel e se tornarem realidade.

O negócio traciona e os *"founders"*[8] acreditam que chegaram ao paraíso, pois todo empreendedor tem o sonho de montar uma empresa estruturada que contrata pessoas, que têm colaboradores e que possui muitos clientes na carteira.

8 Fundadores, em inglês

> *Uma empresa que cresce todos os meses é o sonho de qualquer empresário.*

Depois de passar pelas fases iniciais e superar os desafios da validação, da primeira captação de investimento-anjo e da captação de investimento-semente, o empreendedor consegue finalmente ver o seu sonho se materializar e esse momento é recompensador.

O Rodrigo e eu falamos muito no dia a dia que é incrível nos perceber vivendo tudo isso. Ver a nossa empresa com tantos colaboradores faturando e crescendo todos os meses é muito gratificante. Sonhamos com isso anos atrás, quando a ideia ainda estava no papel e tentávamos desbravar nossos próprios negócios, antes mesmo de começar a HubLocal.

Por outro lado, muitos acham que esse é o fim da história, que chegamos ao reino encantado do conto de fadas e está escrito *"foram felizes para sempre"* na última página. Na verdade, esse é o começo de uma nova etapa dentro da empresa.

ESTAÇÃO 39: ESTRUTURA PARA CRESCIMENTO RÁPIDO

Os desafios iniciais eram os de desbravar o negócio, mas os desafios que levam a um crescimento acelerado e permitem estruturar toda a empresa são outros, com amplitude muito maior.

Por exemplo, ao iniciar a empresa, nosso desafio era conseguir clientes e validar nosso negócio no mercado. Havia a incerteza de que conseguiríamos fazer a empresa dar certo. Já nessa etapa, quando estruturamos a empresa para o crescimento rápido, o desafio se tornou escalonar o negócio, gerir as pessoas e conseguir trabalhar com um montante maior de dinheiro. Anteriormente, os recursos financeiros eram mais escassos, logo os riscos eram bem menores.

Quando a empresa está em crescimento, tudo fica muito grande. Todo tipo de pagamento é caro, todo tipo de investimento e qualquer movimento que se faça na empresa pode gerar um grande problema ou uma grande solução. Pode ser um resultado maravilhoso ou pode ser um resultado prejudicial em uma escala gigantesca.

Para desenvolver essa estrutura de crescimento, o empreendedor deve sempre se lembrar dos valores que teve no início:

> *Começar pequeno, mas sonhar grande! Depois que a ideia funciona, crescer rápido!*

Manter essa mentalidade é algo que procuro fazer constantemente no crescimento acelerado da HubLocal. O pequeno de hoje é muito maior do que o pequeno de antes. Diante disso, penso a todo momento em como gerir a empresa acelerando, arriscando, investindo e desenvolvendo o negócio ao ponto de, caso aconteça um problema, não sermos eliminados do jogo.

Há um tempo, ouvi uma frase que gostei bastante e me marcou muito: *"Errar é maravilhoso! É importante errar para que possamos aprender. O erro é o maior professor de um negócio"*. O empreendedor que erra, mas analisa o que errou e trabalha para consertar estará em constante evolução.

> *O segredo para estruturar o negócio e crescer rapidamente é se permitir errar, mas não errar a ponto de sair do jogo.*

Tempos atrás, eu considerava que gastar 10 mil reais por dia num negócio em um estágio inicial era um valor caríssimo, um absurdo. Muitos achavam que não daria para pagar essa conta. Atualmente, em um dia normal, gastamos muito mais que esses mesmos 10 mil reais na HubLocal. Lidar com uma grande quantidade de dinheiro é um enorme desafio. Além disso, lidar com muitas pessoas também pode ser bastante desafiador.

> *Para continuar crescendo, obter os nossos números e atingir os objetivos que alcançamos, o "secret sauce" (molho secreto) da HubLocal é a gestão de pessoas. Cuidar bem das pessoas é o nosso diferencial.*

Rodrigo e eu não conseguimos mais operar completamente a HubLocal e dependemos de outras pessoas. Um dos nossos maiores acertos desde o começo, quando montamos nosso time, foi cuidar muito bem das pessoas. Nós as colocamos em um patamar igualitário. Eu sou sócio da empresa, mas não sou mais importante que outra pessoa que também participa da operação. Todos têm a mesma importância! Os colaboradores têm os seus objetivos, suas metas e as suas responsabilidades dentro da empresa.

Para manter as pessoas envolvidas, fazer com que se sintam pertencentes ou até mesmo donas do negócio, é importante deixá-las trabalhar. Ao invés de tomar a frente e acumular funções, o dono deve descentralizar sua liderança e dar autonomia para os colaboradores. Quando a empresa chega nesse nível de estrutura, o ideal é deixar as pessoas livres, porém cientes de suas lideranças e de seus indicadores de performance (KPIs).

O empreendedor deve sair de cena e deixar sua equipe trabalhar. Diante desse cenário, ele deve cuidar dessa equipe de maneira que todos se sintam parte da empresa e tenham algum tipo de retorno. É bastante comum ver empresas crescerem, mas não devolverem nada para seus colaboradores.

Na HubLocal, estipulamos metas de crescimento para cada trimestre do ano. Se o meu time conseguir bater essa meta, devolvemos para os colaboradores. Além de ter remuneração variável em cima do resultado que cada um conseguiu trazer, ainda bonificamos e premiamos essas pessoas. Isso permite que elas sintam que algo realmente aconteceu na empresa.

As empresas precisam saber dividir não apenas o fardo, mas também os sucessos do negócio.

Quando fechamos uma venda na HubLocal, tocamos um sino. Sempre há comemoração porque chegou um novo cliente. Quando acontece uma saída de cliente, todos também ficam sabendo para que percebam que estamos com problemas. É importante que as pessoas consigam entender e sentir na pele que a empresa passa por momentos bons e ruins.

Quando a empresa capta investimento e começa a crescer, a ter um faturamento melhor e uma estrutura maior, o objetivo principal deve ser investir nas pessoas. Foi isso que fizemos na HubLocal para alcançar um crescimento rápido.

Cuide de seus colaboradores como gostaria que eles cuidassem dos seus clientes.

Aprendi logo no início da jornada que o negócio depende muito dos fundadores da empresa, mas, quando se cresce até um certo tamanho, os donos não têm mais tanta influência e poder. Eles serão guardiões da cultura e poderão analisar se as pessoas que estão ao redor compartilham da mesma visão e valores, e se estão no ritmo ideal para a empresa.

A cultura vence totalmente o planejamento estratégico. Consegue passar por cima dele, pois é muito mais importante. Não se constrói um time com uma cultura forte se o empreendedor não souber lidar com as pessoas e não souber ouvi-las.

E o que é cultura, afinal de contas? São as pessoas! É tudo aquilo que os colaboradores acreditam e fazem no seu dia a dia. Os homens e mulheres que passam o dia inteiro em nossa empresa precisam ser impactados pela nossa cultura.

> *A cultura da HubLocal se sustenta em quatro pilares: diversidade e inclusão, inovação, diversão e resultado.*

Esse conceito não foi formado por mim ou pelo Rodrigo, mas pelos nossos colaboradores. Eles próprios expressaram isso no seu dia a dia. Queriam uma empresa diversa, inclusiva, inovadora, que fosse um lugar divertido e gerasse resultado. Além disso, eles visavam crescimento tanto para eles quanto para a empresa. O que nós fizemos? Escutamos, mostramos aos colaboradores nosso modelo de gestão e perguntamos se fazia sentido e atendia às suas expectativas. Dessa forma, eles se sentiram parte do negócio e passaram a viver essa cultura.

Quando as pessoas vêm para a HubLocal, logo percebem que a cultura é forte, porque as pessoas aqui acreditam de fato no que fazem e se sentem pertencentes. Isso gera nelas um grau de responsabilidade sobre os resultados. A partir disso, a *startup* começa a ter um crescimento rápido rumo a metas bem maiores e ousadas.

> *Ao cuidar das pessoas, chorar suas dores e se tornar parte de suas vidas, elas abraçarão a causa e farão a empresa crescer.*

Construir essa base foi o que fez a HubLocal passar a crescer todos os meses independentemente da situação do mercado.

Recentemente, visitei o CEO da Azul Linhas Aéreas do Brasil e ele me ensinou sobre três pontos que envolvem a gestão de pessoas: salário, visão de crescimento e liderança.

Se a pessoa tem **um bom salário**, se tem **a visão de que pode crescer** ainda mais sua remuneração ou subir na sua função e se tem **um líder que realmente exerce o seu papel** e cuida dos seus liderados, ela dificilmente sai da empresa. O *turnover* desse negócio vai para zero. Se um concorrente oferecer o salário dobrado, essa pessoa pensará nesse tripé e irá ponderar bastante antes de sair, pois ela pode alcançar esse salário dobrado no lugar que já está. Quando ouvi esse ensinamento, tudo fez sentido e eu fiquei encantado.

> *Gerir pessoas é simples! Se todo empresário pensasse assim, fazer a gestão de pessoas seria algo natural.*

Trabalhar esses três pontos constantemente é o que temos procurado fazer na HubLocal. A partir deles, montamos nossa estrutura de crescimento rápido. Ainda não temos um grande escritório, mas nosso espaço traz uma boa experiência para os colaboradores. A estrutura do escritório gera um ambiente bom para as pessoas se sentirem confortáveis.

Por outro lado, o escritório deixou de ser um ponto físico e o local de trabalho passou a ser em todo lugar. O colaborador pode trabalhar de casa, em uma viagem, em um hotel etc. Não há mais necessidade de reunir todos em um mesmo espaço.

Na HubLocal, em relação à estruturação, não pensamos mais no escritório como um posto de trabalho, mas como um ponto de encontro. O local da sede tornou-se uma experiência para os colaboradores, clientes e visitantes que visitam a marca. Chamamos de "*Experience Office*". Esse é o modelo que estamos buscando estruturar, pois o ambiente é importante, mas é paralelo ao local onde realmente trabalhamos.

Não adianta ter o melhor ambiente, a melhor estrutura ou um conceito moderno de "*experience office*" se o empreendedor não cuida muito bem dos membros da equipe. As pessoas que estiverem lá dentro estarão tristes e não permanecerão, pois não se sentirão parte daquele lugar.

A estrutura física de crescimento rápido, montada com lindos móveis folheados a ouro, irá derreter no final, porque os colaboradores não terão um bom desempenho se não acreditarem no que está sendo feito ali.

ESTAÇÃO 40: DESTRUIR SEU NEGÓCIO

Além disso, uma *startup*, por si só, deve ser inovadora. Jamais pode ser engessada. Quando a empresa atinge um determinado tamanho, cria-se algumas raízes e o empreendedor tende a querer engessar os processos, o produto e a visão, pois está dentro de uma bolha que está crescendo e acredita que está tudo bem e não há o que melhorar ou evoluir.

Há um ditado famoso no universo das startups que diz que *"o papel do CEO é construir uma companhia que irá destruir a sua em alguns anos"*. Meu papel dentro da HubLocal é buscar o tempo inteiro aquilo que irá destruir o nosso negócio.

> *As maiores e mais tradicionais empresas do mercado costumeiramente engessam seu modelo de atuação e param de inovar.*

Desde que iniciamos nossa empresa e ela começou a crescer, procuramos permanecer fiéis à cultura de uma *startup,* que é buscar inovação e refundar o negócio ou pivotá-lo sempre que necessário. Em relação à área de TI, nosso objetivo sempre foi desenvolver soluções que poderiam impactar o mercado de alguma forma, pois se não fizéssemos isso, os nossos concorrentes poderiam fazer.

Quando se tem sucesso, também se tem concorrência. Com exceção daqueles designados por algum órgão do governo, não existem monopólios. No livre mercado, não existe mais dominância diante de ideias que são completamente inovadoras. São justamente essas ideias que sofrem com a concorrência, pois são as mais fáceis de copiar.

Quando o sucesso chega, sempre aparece alguém que vê sentido naquela ideia e apenas copia o modelo de negócio para reproduzir igual. Um mercado que dá resultados é copiável. Nesse momento, surgem muitas perguntas. Será que o meu concorrente usará essa tecnologia e fará essa inovação? Quem está me vendo lá fora poderá seguir por esse caminho? Esse caminho pode ser a minha perdição? O fim da HubLocal? Temos que nos questionar o tempo inteiro em relação à inovação, pois só assim conseguimos ir além.

Estamos constantemente nos desafiando a buscar inovação dentro da empresa, é um dos pilares da nossa cultura. Temos uma equipe grande de desenvolvedores na área de tecnologia e sua missão é desenvolver soluções novas e inteligentes do *Road map*. Esse processo é infinito dentro de uma *startup* que busca sempre se aprimorar.

> *O crescimento da empresa está intimamente ligado à sua capacidade de inovar a todo momento. O empreendedor não pode ficar confortável, se acomodar ou ficar satisfeito com o patamar que alcançou.*

HubLocal

Se o empreendedor tem um sonho grande e um projeto bem elaborado para um mercado muito amplo, mesmo enfrentando intempéries da conjuntura política, da saúde e de outras situações que são alheias à sua vontade ou preparação, ainda assim conseguirá crescer. Se houver uma estrutura montada para o negócio desde o início, uma pandemia ou um político desastroso para a nação não são capazes de destruir um sonho tão grande e um mercado tão amplo. Ainda assim, a *startup* será capaz de seguir o seu crescimento e atingir escala.

A HubLocal já tinha um sonho grande no começo. Nós mapeamos com o Data Sebrae que existiam sete milhões de empresas no Brasil. Esse mercado, o que podemos atingir, chamamos de endereçável. Ainda existem muitas possibilidades lá fora e a HubLocal pode chegar lá! Até agora, atingimos apenas 0,1% de todas essas empresas e já faturamos milhões.

Mesmo que aconteça uma catástrofe em que metade dessas empresas venha à falência e seja fechada, ainda haverá os outros 50%. Lembre-se que apenas 0,1% do 100% desse mercado já nos gera dezenas de milhões. Com uma pequena fatia do bolo, tenho uma empresa crescente e milionária em um mercado quase infinito.

No Brasil, o grande segredo é desenvolver o produto, encontrar o modelo de negócios ideal e o mercado que deseja atingir.

O Brasil é o país das oportunidades. Somos o sétimo maior país do mundo em relação a quantidade de pessoas. Ficamos atrás apenas da China, Índia, EUA, Indonésia, Paquistão e Nigéria. É um lugar repleto de empresas, com muitos empreendedores e um mercado praticamente infinito, para negócios B2B. Se a empresa tiver uma amplitude de segmentação, conseguirá construir um negócio capaz de crescer de maneira ininterrupta.

Sonhar grande é preparar a empresa para esse tipo de mercado. A estruturação de crescimento é o que permite vencer qualquer obstáculo, seja político ou de ordem maior que não se possa controlar. O objetivo é crescer o tempo todo! Nada disso é capaz de afetar uma empresa que já está com seu mercado consolidado e com seu produto ajustado.

O sucesso está em espalhar essa semente. Tudo o que fizemos na HubLocal foi construído lá no início da empresa. Basicamente, plantamos sementes para colher os frutos no futuro.

No início da empresa, o empreendedor planta as sementes. Quando o negócio atinge determinado patamar de crescimento e de estruturação, aquelas sementes começam a gerar frutos. De acordo com as sementes que foram utilizadas, os frutos podem ser muito bons e oferecer crescimento para a empresa, ou podem ser frutos ruins que exigirão um certo cuidado.

> *Tudo o que foi semeado nesse campo irá crescer e produzir consequências.*

Fazer uma *startup* crescer até seu nível máximo é muito parecido com a plantação de safra. O agricultor planta e colhe sucessivas vezes. O investimento semente é exatamente sobre isso. O empreendedor já semeou lá atrás com o recurso que tinha e busca captar um novo investimento para poder lançar mais sementes.

Esse momento de crescimento é o momento de semear, mas as semelhanças dessa analogia se encerram por aqui. O momento de plantar e colher deve ser mais rápido, frenético, pois o negócio precisa continuar em constante crescimento.

CAPTOU?!

Depoimento de Yves Nogueira

"Meu nome é Yves Nogueira e sou empreendedor do setor de tecnologia da informação há quase 30 anos. Comecei minha jornada em 1994, sou um dos integrantes do ecossistema de inovação do Porto Digital em Recife e membro do conselho. Desde 2013, comecei a fazer investimento anjo e sou líder do núcleo de Pernambuco da Anjos do Brasil.

Conheci Felipe e Rodrigo em Recife em 5 de março de 2020. Essa data é inesquecível porque meu primeiro contato com eles foi no pitch que apresentaram na reunião do núcleo Pernambuco da Anjos do Brasil. Cerca de apenas 10 dias depois, começou o lockdown das cidades devido a pandemia do coronavírus. Portanto, a HubLocal foi a última startup a realizar sua proposta. A partir de então, passamos a interagir bastante e nosso grupo decidiu investir.

A apresentação de pitch segue um formato padrão e os empreendedores têm pouco tempo para expor suas ideias. Cerca de apenas sete minutos. O que me impressionou positivamente foi a proatividade de Felipe e Rodrigo que, já no dia seguinte, começaram a interagir com todo o grupo de investidores. Felipe conseguiu construir uma relação de confiança em poucos dias após sua apresentação.

A partir da nossa segunda conversa, ficou claro para mim que ali estavam dois empreendedores que acreditavam muito no potencial dos investidores anjos e sabiam o quanto poderíamos ajudar. Além disso, ficou evidente também a capacidade deles de escutar. Há quase 10 anos faço esse tipo de investimento e percebo que é bastante comum encontrar pessoas que estão começando, mas acham que já sabem de tudo. Ao fazer a captação de recursos, pensam muito no aspecto financeiro, mas não se atentam para o conhecimento que também podem adquirir.

Lembro muito bem que Felipe pediu minha ajuda para conversar com os outros investidores e enfatizou que eles estavam completamente abertos para aprender, pois essa era a sua primeira oportunidade de fazer uma captação de investimento. Logo, fiquei encantado com a forma com a qual a conversa foi conduzida, pois vi que eles tinham um grande potencial empreendedor. Além disso, estavam com os ouvidos atentos para receber as orientações, uma vez que esse é objetivo final do real investimento anjo. O recurso financeiro obviamente é importante, mas o investidor também está em busca de aportar a sua experiência.

Tanto Felipe como Rodrigo têm um perfil ideal para o negócio e tenho certeza de que nossa parceria tem sido muito enriquecedora para o crescimento deles e avanço na sua jornada com a HubLocal.

Quero parabenizá-los pela história belíssima que estão construindo. Independentemente dos números – eles estão obtendo resultados muitos expressivos no pouco tempo de HubLocal – quero deixar registrado neste livro uma mensagem de admiração. Empreendo no Brasil há tanto tempo e posso garantir que é uma jornada difícil. Não existem facilidades, pelo contrário, há muitas pedras no caminho, mas acredito que Felipe e Rodrigo sabem conduzir muito bem o seu time e seu negócio, que se torna cada vez maior. Tenho certeza de que eles estão apenas começando e crescerão bastante para chegar ainda mais longe. Não há dúvidas de que o mercado empreendedor falará muito sobre esses dois no futuro.

Desejo que continuem firmes na sua trajetória, pois acredito que esse será apenas o primeiro de vários outros empreendimentos com os quais eles brindarão o mercado brasileiro. Felipe e Rodrigo possuem garra, determinação e um espírito de humildade que os diferencia dos demais. Espero que mantenham suas características onde quer que estejam para que permaneçam ouvindo e colaborando com o empreendedorismo e desenvolvimento do nosso país."

Yves Nogueira

MAPA DAS ESTAÇÕES

A única constância da startup é a mudança!

Quando decidimos escrever esse livro, nossa ideia era compartilhar um pouco de tudo aquilo que vivemos. Nossa história é repleta de altos e baixos, muitas dificuldades e desafios até encontrar um modelo de negócios, escalar uma pequena empresa e alcançar o relativo sucesso que temos hoje com a HubLocal.

Para escrever cada um destes capítulos, precisamos analisar e relembrar quantas adversidades tivemos que superar para chegar até aqui. Ninguém nos disse que seria assim! Escutamos conselhos esporádicos em alguma palestra ou em ambientes de inovação onde pudemos conversar com algum "*founder*". Porém, não tivemos acesso a um conteúdo tão denso sobre como agir desde o início, não consultamos nenhum passo a passo e não tínhamos noção do quanto seria difícil passar pelo momento de construção. Dessa forma, erramos muito durante o processo.

O primeiro objetivo que estabelecemos para a realização deste livro foi ajudar os pequenos e novos empresários que virão ao mercado, aqueles que querem abrir uma *startup* ou até mesmo já têm uma. Buscamos orientar os empresários que não conseguiram desenvolver a sua solução e aqueles que já desenvolveram essa solução, mas procuram maneiras de alcançar um novo estágio, assim como fizemos.

Desde o início, idealizamos que nosso livro não seria uma simples receita de sucesso a ser seguida cegamente. Acreditamos que cada negócio tem uma jornada diferente e pode levar seu próprio tempo.

Às vezes, o crescimento é mais rápido para uma empresa e mais demorado para outra. Existem vários caminhos que podem levar ao sucesso, queremos aqui simplesmente mostrar o nosso caminho e ajudar as pessoas da comunidade de *startups*. O desejo é que nossos leitores possam seguir aquilo que acreditem ser o ideal para seus negócios. Não é uma receita de bolo!

> *Decidimos mostrar nossa trilha para que outras pessoas pudessem seguir com mais facilidade.*

Escrever esse livro foi uma experiência incrível, porque conseguimos compartilhar com o máximo de detalhes possível a história da nossa jornada até aqui. Mostramos todas as etapas que envolvem criar um pequeno negócio de escala rápida com uma tecnologia embarcada para ajudá-lo a crescer rapidamente.

Foi fantástico voltar ao passado e relembrar tudo aquilo que vivenciamos – inclusive alguns erros – e comparar o momento de escala e crescimento da empresa no qual surgiram novos desafios de outra magnitude.

> *É bom lembrar o que vivemos para que continuemos a trilhar o futuro.*

Aquilo que nos fez chegar até aqui não será aquilo que nos levará ao futuro. Porém, é sempre bom lembrar do passado para saber o que acertamos e o que erramos. A maior experiência que tivemos nesse livro foi ajudar os outros. Além disso, pudemos nos ajudar ao relembrar tudo que nos trouxe até aqui.

Escrevemos o livro que gostaríamos de ter lido antes de começar a empreender. Acreditamos que a leitura traz uma autorreflexão. Não queremos que você, leitor, siga os passos expostos aqui de maneira exatamente igual a todos os outros, mas um princípio que se aprende – algumas informações presentes aqui são dicas de ouro – pode ser um fator determinante na história de alguma startup que está nascendo ou se desenvolvendo agora.

Alguns princípios são salutares, consistentes e até gerais para quem está começando um negócio. Nós percorremos um caminho que, em alguns momentos, foi bem diferente de outras *startups* que conhecemos, mas tanto para nós quanto para eles, as adversidades são inúmeras.

Trabalhar com inovação em um país onde essa área não é tão valorizada quanto em outros lugares é um grande desafio. Nossa história tem um sabor especial, pois trabalhar com tecnologia e ter sucesso em um país tão grande como o Brasil é uma conquista enorme. O estado em que nascemos e vivemos também apresentava um cenário bastante complexo. Quando começamos, a quantidade de *startups* presentes no mercado era pequena, logo, tivemos que desbravar uma região inóspita na busca por desenvolver nosso negócio.

Se já é difícil empreender na área de inovação em qualquer lugar do mundo com apoio do governo, de bancos e de faculdades, para nós foi ainda mais complicado. Não estávamos na melhor região do país para inovação e não tínhamos uma história de sucesso em montar negócios — pelo contrário, vínhamos de grandes fracassos.

Logo, nosso negócio tinha pequenas probabilidades de dar certo. Entretanto, isso mostra que a vontade de aprender, de não desistir e superar os próprios erros pode nos levar mais longe.

Aprender errando é, geralmente, a forma mais cara de evoluir, pois se paga caro por cada erro cometido.

Inclusive, existem alguns erros que podem tirar o empreendedor do jogo. No caso da HubLocal, a persistência e o aprendizado sobre os erros nos fizeram chegar até aqui. Nosso sonho com esse livro nunca foi autopromoção, mas mostrar uma história linda e improvável que busca provar que é possível atingir o sucesso a partir do aprendizado com cada um dos erros da caminhada.

Não há desculpas plausíveis para o empreendedor que diz não ter dinheiro, não ter investidor ou não ter tecnologia. Nós não tínhamos nada disso! Éramos duas pessoas comuns que fizeram um empréstimo e foram para o Vale do Silício. Quando voltamos, estávamos empolgados e contagiados. Começamos a desenvolver nossa ideia e fundamos um negócio da estaca zero, sem contar com investidores familiares, pai, mãe ou um parente que nos apoiasse financeiramente em nossos sonhos.

Atualmente, participamos dos maiores eventos e cada um deles é uma vitória do nosso time, que conta hoje com centenas de colaboradores. Cada obstáculo que superamos nos faz olhar para trás e admirar o caminho até aqui.

Revisar esse livro antes de lançá-lo foi uma experiência muito prazerosa. Fizemos várias leituras em viagens de avião e em quartos de hotéis nos lugares mais diferentes do Brasil. Pudemos observar que tudo que temos hoje se desenvolveu a partir daquela ideia que surgiu lá atrás. Hoje estamos dentro desses aviões e hotéis por causa dessa operação. Cometemos muitos erros que serviram como lições e nos levaram a ter um desejo enorme de orientar outros empreendedores.

> *Se conseguirmos ajudar uma empresa no Brasil, podemos gerar empregos para milhares ou até milhões de pessoas no mercado.*

Isso é o "*give back*", o retorno que os norte-americanos tanto falam. Trata-se de devolver aquilo que nos foi dado. Várias pessoas nos ajudaram nesse caminho e acreditamos que a melhor forma de retribuir é compartilhar essa história de maneira honesta e sem firulas. Escolhemos contar tudo sem teorizar muito e optamos por uma linguagem prática para expor o que aconteceu conosco.

Se tudo que contamos aqui fizer sentido para as pessoas, espero que possam aplicar cada um dos ensinamentos que tentamos transmitir. Ainda que o livro todo não tenha servido, se apenas uma dica fizer a diferença na história de alguém, já será o suficiente para nos sentirmos realizados.

Às vezes, aquela "virada de chave" não surge de uma ampla leitura, mas apenas de um detalhe que gerou um *insight*. Nos EUA, existe um termo para isso chamado de "*second level thinking*" ou segundo nível de pensamento, em português. Quando todos olham para determinado conteúdo ou fonte de conhecimento e absorvem a mesma mensagem, mas você consegue enxergar ali algo diferente, é exatamente isso que o torna especial.

O futuro da HubLocal é continuar crescendo cada vez mais. Temos um mercado bem grande, com milhões de empresas somente no Brasil, e ainda estamos na casa das milhares de empresas que hoje assinam nossa plataforma. Então, ainda não atingimos nem 1% da capacidade do nosso mercado. Há um crescimento escalável que teremos que seguir nos próximos anos.

Fazer esse crescimento escalável será uma jornada diferente, com momentos muito distintos. Daqui a algum tempo, teremos uma nova história para ser contada em livros futuros.

A mensagem principal deste livro foi sobre como adentrar no mercado de pequenos negócios que escalam em curto prazo e quais os primeiros passos para se tornar uma *startup* com resultados efetivos, que não morre no meio do caminho. Passar dessa fase inicial é crucial, porque é nesse momento que a maioria dos pequenos negócios acaba falindo.

Os próximos passos da HubLocal são de muito crescimento e definição de qual trilha iremos tomar. O mercado de *Startup* é como uma grande montanha perto da praia, com algumas rotas. A Rota do "VC" (*Venture Capital*) é a que sobe a montanha até o pico, porém para isso é necessário ter oxigênio e mantimentos.

Sobre o futuro das *startups*, acreditamos que elas crescerão muito, visto que já se expandem no Brasil devido ao tamanho do nosso país, uma cultura extremamente digitalizada, o avanço da *internet* e do 5G, o aumento do *e-Commerce e* dos usuários de *WhatsApp*. Tudo isso impressiona muito. Inclusive, enquanto viajantes do Vale do Silício, constatamos que o Brasil está entre os países que mais utilizam essas tecnologias.

A nossa aposta é que acontecerão dois movimentos: a própria fundação e o início de *startups* com soluções disruptivas e diferentes. Além disso, as empresas terão que se estudar e se reinventar, pois disputarão com um mercado cada vez mais globalizado, mais competitivo e mais enxuto. Elas terão que competir pensando além das fronteiras.

Muitas vezes ocupados no modelo atual, os empresários não conseguem repensar seus modelos de negócio. Sabemos que o tempo entre mudanças está cada vez menor. Se não estimularem culturas de inovação, é bem provável que essas empresas não existam mais nos próximos 10 anos.

Existem estudos que mostram que a maioria das empresas no mercado atual não existirão a longo prazo. As empresas centenárias serão cada vez mais raras. Acreditamos que, se tiverem a cultura de inovação, poderão se tornar mais longevas, sustentáveis, impactantes e capazes de empregar pessoas e gerar economia real. O objetivo é sempre buscar uma maneira de atender ao consumidor de forma criativa e moderna.

Sabemos que o tema pode parecer um caminhão de informações, mas buscamos escrever este livro de maneira simples, pois acreditamos que um detalhe é o que muda todo o jogo.

Entre tantos acontecimentos ao longo da nossa jornada, nosso maior aprendizado foi entender o que era uma *startup* e então nos aprofundar no assunto. No começo, não entendíamos muito bem esse universo, tivemos que mergulhar nele e vivenciá-lo de uma forma muito meticulosa. Buscamos compreender cada ponto do modelo de negócio, quais as etapas e o caminho a ser seguido.

> *Entender uma startup e todas as suas fases é o grande ponto de virada.*

Nossa história "virou" exatamente nesse momento. Como éramos uma empresa que fazia consultoria e passamos a assumir a identidade de *startup*, o jogo começou a mudar. Existe aqui um detalhe que não pode passar despercebido: para montar um negócio e trilhar um caminho de sucesso, é preciso passar por algumas etapas que não podem ser apressadas ou ignoradas. Nós pulamos etapas! E aprendemos da pior maneira que não se deve fazer isso.

Um negócio como uma *startup*, que será muito inovadora, disruptiva no seu mercado e que terá um crescimento escalável com alguma tecnologia embarcada, precisa passar por todas as etapas: ter uma ideia, validar essa ideia, tracionar no mercado e escalar a solução.

O que mais vemos em nossas mentorias são *startups* pulando etapas. Contratam um desenvolvedor logo no início ou começam a investir antes de validar a ideia, por exemplo. Isso é muito comum entre a maioria dos empreendedores no mercado tradicional. Essa era uma das práxis do mercado: você investe e tem retorno.

Todavia, o mercado de *startup* funciona de modo um pouco diferente. O empreendedor deve ter uma boa ideia, fazer um protótipo, uma MVP, e trilhar o passo a passo até atingir um determinado tamanho e ser bastante saudável e obter um crescimento sustentável. Esse é o caminho para o leitor que, ao final desse livro, esteja se espelhando na HubLocal e buscando se tornar algo parecido.

Ser uma startup é se comportar como uma.

Respeitar essas etapas significa saber o que deve ser vivenciado em cada uma delas. Não há como partir logo para a escala sem passar por todas as anteriores. Talvez essa seja a grande dica que você, leitor, não pode perder. Ser uma *startup* e se comportar como uma é respeitar o processo, ter paciência e disciplina para alcançar suas metas e objetivos.

A construção da história de sucesso de uma *startup* não termina quando ela chega no seu estágio de escala. Esse é apenas o começo de um relativo sucesso. Na verdade, é somente um novo estágio que muda um paradigma da empresa.

Algumas *startups* deixam de ser *startups* propriamente ditas. Existe as "*Scale-up*" que é um tipo de *startup* que está em plena escala, as "Unicórnios" que atingem 1 bilhão de *valuation* e as "Centauros" que são as que conseguem atingir um faturamento acima de 100 milhões, assim como as "*Big Techs*" que são as grandes empresas de tecnologia que chegam ao faturamento acima de um bilhão de dólares.

A jornada é contínua. É uma construção que o empreendedor deve prosseguir no dia a dia para que não se acomode. Normalmente, a maior parte das grandes ideias e grandes projetos não alcançam o estágio de *Scale-up* ou *Big Tech* porque o empreendedor chega até ali e já se sente satisfeito e realizado. Não há mais o sonho de continuar crescendo. Isso é um estilo de vida que respeitamos. Nem todos têm a ambição de se tornar o novo Bill Gates ou Steve Jobs, mas a tendência é que o empresário tenha que olhar para o mercado a todo momento para conhecer o que está sendo desenvolvido.

Se a sua empresa não cresce, virá outro e crescerá no seu lugar. Quando isso acontecer, provavelmente ele tomará seu mercado e talvez tome seus clientes também.

Esse é um momento que dificilmente uma empresa consegue estagnar. Não é possível manter o comodismo ao chegar a um determinado nível de crescimento. Deve-se continuar crescendo sem parar, como um foguete espacial, para desbravar novos planetas, galáxias e universos.

É necessário crescer e buscar novidades dentro do mercado para seguir até o infinito e além.

Ao olhar para o mercado, entendemos que as empresas mais conhecidas atualmente, as de maior sucesso em crescimento no mundo, começaram a partir de uma ideia, assim como nós também começamos. As *Big Techs*, configuradas como as empresas de maior faturamento do mundo, em sua maioria, iniciaram sua jornada exatamente como nós.

> *O que define o sucesso é sonhar grande e começar pequeno.*

O Facebook, a Microsoft, a Apple, todas as empresas que se tornaram grandes, tiveram algo em comum: alguém com uma visão de futuro. Esses negócios começaram com recursos próprios e pessoas tentando aprender. Ainda que geniais, todos acertaram e erraram ao longo de suas histórias.

No novo mundo em que vivemos, nessa nova era, é preciso buscar algo especial. Quando você começar um negócio, pense grande, pense a longo prazo, seja ousado e respeite isso. Saiba que existe um começo, mas pense adiante para desenvolver algo que se torne grande no futuro. Esse é o maior diferencial entre um negócio medíocre e um negócio de sucesso.

> *Não desista da sua ideia, mas, se precisar desistir, não perca esse aprendizado, pois essa é a visão que torna as empresas bem-sucedidas.*

Esse livro é um manual que contém a jornada da HubLocal, uma *startup* que trilhou todos os caminhos para superar cada etapa. Desejamos que esse conteúdo auxilie o empreendedor que está começando agora um pequeno negócio ou que já começou, mas não sabe bem como aprimorar esse negócio. Além disso, buscamos orientar quem já tem uma *startup* que começou a dar um certo resultado, mas está com medo dos próximos passos ou sequer sabe quais são eles. Se você tiver acesso a esse manual desde o estágio inicial até a escala por todo o Brasil, sua história pode ser escrita de maneira completamente diferente.

Para crescer como empresários e desbravar negócios que ninguém fez antes, procuramos nos inspirar em pessoas que já fizeram acontecer o que parecia ser impossível.

Realizamos o sonho de escrever o livro "A Jornada das Startups" para mostrar que é possível desbravar o seu negócio, a sua ideia do absoluto zero até a escala com milhões e milhões de faturamento em sua empresa. A nossa experiência nos ajudou muito, pois lidamos com pessoas muito grandes em nossas vidas que nos deram mais confiança para fazer tudo que almejamos.

No início, era tudo descoberta. No meio, a experiência nos move para novos desafios, mas ainda estamos muito longe do fim.

Apresentação dos autores e seus contatos

Felipe Caezar Carvalho, cearense de Fortaleza, nascido em uma família de empresários, sabia desde novo o que queria ser quando crescer: dono de empresa. Em 2010 um amigo mostrou a tecnologia do *Google Street View* – um recurso do *Google* que permite uma vista panorâmica de 360 graus de ruas e prédios. Ele se encantou e viu que era o futuro e decidiu viver dessas tecnologias. Dessa forma, passou a estudar e se especializar na área. Ao sair da faculdade de administração, ele tinha certeza que para empreender tinha que acontecer no universo digital. A 1ª tentativa, resolver criar um portal imobiliário que usava mapas e o *Google Street View* para mostrar os anúncios – algo inovador para 2014 – não deu muito certo. Foi nessa época que Felipe se aproximou do *Google* e também conheceu Rodrigo Coifman, seu atual sócio. Juntos resolveram empreender criando uma agência parceira do *Google* que posicionava empresas na busca da *internet* além de criar passeios de 360 graus em lojas, escritórios, clínicas, por meio da tecnologia *Street View*, negócio que também não teve o sucesso desejado. Mas os insucessos serviram de base para a criação do negócio atual, a HubLocal, startup em que atua como CEO, uma das top três *startups* do ano pelo prêmio *Startup Awards* da Associação Brasileira de *Startups* em 2022 e vencedora do Prêmio de Aposta 2023 pelo Distrito *Awards*. Felipe se especializou em otimização de mecanismos de buscas e já impactou milhares de empresas nos mais diversos segmentos de mercado. Em projetos paralelos, atuou como líder da célula de negócios do Google em Fortaleza, *Google Business Group*, como Coordenador de Inovação e Diretor Comercial da Câmara dos Dirigentes Lojistas (CDL Jovem) de Fortaleza e mentoria diversas *startups* no *BS Innovation Hub* e em outros ambientes de inovação espalhados pelo Brasil.

Fale com Felipe Caezar:

https://www.linkedin.com/in/felipecaezar/

felipe@hublocal.com.br

Rodrigo Coifman da Silva nasceu em Manaus, mas logo sua família mudou para Fortaleza, onde cursou engenharia eletrônica e análise e desenvolvimento de sistemas. Aos 12 anos, ganhou o primeiro computador dos seus pais e lendo livros e revistas de fora do país, desenvolveu seus primeiros programas. Aos 17 anos, Rodrigo construiu o seu primeiro site. Formou-se como analista de sistemas pela faculdade Estácio. Trabalhou em um dos primeiros provedores de acesso à internet, dando suporte e desenvolvendo sites. Foi professor certificado Adobe Macromedia e especialista em *marketing* digital. Foi também coordenador da célula de negócios do *Google* no Ceará (*Google Business Group* Fortaleza). Foi também apresentador do programa Planeta Diário na TV Diário, onde semanalmente comentava notícias da área de tecnologia. Tanto envolvimento com a área de comunicação levou Rodrigo ao Sistema Verdes Mares – o maior grupo de comunicação do Ceará – e foi coordenador operacional, analista de sistemas e gerente de projetos. Ele participou gerenciando a implantação do G1 Ceará (projeto Globo) em maio de 2011. Aos 32 anos, saiu das empresas de comunicação para montar o próprio negócio, mas mudou os planos em cima da hora. Rodrigo recebeu uma proposta da Enel – uma das maiores concessionárias de energia elétrica do mundo. Ocupou o cargo de *Business Partner*, onde pediu o seu desligamento após quatro anos depois para realizar o seu sonho: empreender. Em 2014, Rodrigo abriu sua primeira agência digital e *softhouse* e fundou diversas empresas como *1Line Technology (software house)*, Ângulo Digital (agência digital). Durante esse período se tornou sócio de Felipe Caezar e ajudou a fundar a HubLocal, *startup* que hoje atua como CTO e posteriormente fundou outra *startup* chamada de MidiaT, onde atua como conselheiro. É também mentor na área de tecnologia de diversas startups nos principais hubs de inovação do Brasil.

Fale com Rodrigo Coifman:

https://www.linkedin.com/in/coifman/

rodrigo@hublocal.com.br

Vermelho Marinho